*Placebo für Freunde von Klappentexten*

Eilige Leser bzw. Leserinnen mit optimiertem Zeitmanagement finden zitatfähige Resümees bzw. theoretische Knackpunkte unter anderem auf *Seite 11ff., 29ff., 48ff., 85ff., 130ff., 176ff., 191, 210, 213f.*

Unter den eindrücklichen Praxisfällen verdienen besondere Aufmerksamkeit: Beuyssche Fettecke *(Seite 37ff )*, Hörsturz nach Heavy-Metal-Rock *(41ff.)*, Onanieren im Windfang einer Kirche *(65f.)*, Hühnerimmissionen in Nudelwerbung *(102ff.)* bzw. im Nachbarhof *(179ff.)*, Echthaarperücken als Schlußverkaufsware *(107f.)*, Geckos in hawaiianischen Hotelzimmern *(114ff.)*, Schweizerfolklore in der Karibik *(121ff.)*, Doppelbett im Schwarzwald *(127ff.)*, temperierter Riesling im Sektkübel *(131ff.)*, Rheinischer Karneval *(155ff.)*, Schwein frißt Transporterboden *(160)*, Kondom auf Sozialhilfe *(190f.)*, Hundekot auf Terrasse *(201)*.

*Litzelstetter Libellen. Ganz Große Reihe (GGR) Nr. 1*

Heinrich Stader

# Kurze Einführung in den Juristenhumor

Libelle

*Zur Sache, wenns beliebt,*
*Frau Marthe Rull! Zur Sache!*
Kleist

# *Inhalt*

# *Schrifttum*


*Adorno, Th. W.:* Minima Moralia, 1967

*Baumbach, A.:* Wettbewerbsrecht, 1929

*Baumbach, A. / Hefermehl, W.:* Wettbewerbsrecht, 18. Aufl. 1995

*Bender, R.:* Das Verfahren nach der Vereinfachungsnovelle und vor dem Familiengericht, 1977

*Bierce, A.:* Des Teufels Wörterbuch, 1986

*Bohnert, J.:* Die Abschlußverfügung des Staatsanwalts, 1992

*Borck, H.-G.:* Die anwaltliche Praxis in Wettbewerbssachen, 1992

*Dreher, E. / Tröndle, H.:* Strafgesetzbuch, 47. Aufl. 1995

*Hegel, G.W. F.:* Grundlinien der Philosophie des Rechts, 1976

*Hoffmann, E. T. A.:* Juristische Arbeiten, 1973

*Kant, I.:* Schriften zur Anthropologie, Bd. 1, 1978

*Karlsruher Kommentar:* Strafprozeßordnung, 3. Aufl. 1993

*Kegel, G.:* Internationales Privatrecht, 5. Aufl. 1985

*Langohr, T. G.:* Das Veranlassungsprinzip im Einkommenssteuerrecht, 1989

*Maunz, Th. / Dürig, G.:* Grundgesetz, 7. Aufl. 1991ff.

*Münchener Kommentar:* Bürgerliches Gesetzbuch, 3. Aufl. 1994ff.

*Nordemann, W.:* Wettbewerbsrecht, 7. Aufl. 1993

*Palandt:* Bürgerliches Gesetzbuch, 55. Aufl. 1996

*Radbruch, G.:* Aphorismen zur Rechtsweisheit, 1963

*Rüthers, B.:* BGB Allgemeiner Teil, 9. Aufl. 1993

*Sarstedt, W. / Hamm, R.:* Die Revision in Strafsachen, 5. Aufl. 1983

*Schmidt, Eb.:* Lehrkommentar zur Strafprozeßordnung, Teil I, 2. Aufl. 1964

*Schmitt, C.:* Gesetz und Urteil, 2. Aufl. 1968

*Tacitus, P. C.:* Germania, 1972

*Zöller:* Zivilprozeßordnung, 19. Aufl. 1995

# 1.

## I.

Sache der Justiz ist die technische Abwicklung der Sozialkatastrophen.[1] Ihr Gegenstand ist damit zunächst nicht das Wahre und Gute, sondern der Sumpf, in dem nach den hohen Dingen zu forschen ist, also: das Scheitern von Mittelmaß. Das Schicksal von Gestrauchelten, die geboren sind im Aszendenten des Kleinwagens, gebeutelt von Verhältnissen, verfangen in Abzahlungskäufen. Die schiefe Bahn. Das Ende der Fahnenstange. Das Dasein in Fettnäpfen. Zum Lachen ist hier nichts.

## II.

Der Apparat, der dem begegnet, hat ebenfalls nichts Erhebendes. Die Atmosphäre der Justiz, ihr Fluidum, die Taineschen Milieubedingungen, sind niedere Talente, nämlich Haarespalten, Silbenstechen, Worteklauben, und hinzu kommt eine gewisse Schäbigkeit, wie Bender sie in puncto Warteräume einmal beschrieben hat:[2]

> »Was sich die Justiz in dieser Hinsicht leistet, spottet jeder Beschreibung. Häufig gibt es gar kein Zeugenzimmer. In dunklen zugigen Gängen des Gerichtsgebäudes sind einige wacklige Bänke aufgestellt; auf dem dreckigen Fußboden laufen einige Heringsbüchsen über, die als Aschenbecher dienen. Falls überhaupt Lesestoff für die Wartenden aufliegt, dann allenfalls eine Propagandaschrift für den Justizminister der vorletzten Wahlperiode. Zwar gibt es eine allgemeine Bürgerpflicht, der Justiz als Zeuge zu dienen, aber es gibt schließlich auch ein Grundrecht auf Menschenwürde.«

Das wahre Gelächter will auch hier nicht aufkommen.[3]

---

1 *Eb. Schmidt* meint (Lehrkommentar I, Rdnr. 20): Wahrheit und Gerechtigkeit – das ist aber bloß für Sonntagsreden; Verabschiedung von Landgerichtspräsidenten; Bestattung hundertjähriger Notare.

2 Verfahren, Rdnr. 103.

3 Der Humor dieses Sektors ist gekennzeichnet durch Witze wie »Bilde mal einen Satz mit Amtsrichter«: *Ahmds riecht er nach Schnaps.*

## III.

Die besser gekleideten Bevölkerungsschichten treffen sich beim Schiedsrichter, da wird man immer vom Vorsitzenden selbst bedient, von Chefpräsidenten[4] oder von bedeutenden Kommentatoren[5]; und es gilt auch nicht die deutsche ZPO, sondern ein Pariser Übereinkommen. Es ist offenbar der einzige Weg, den einzelrichternden Assessoren zu entgehen, die für die schönen Überraschungen gut sind.[6]

## IV.

Wenn in diesem Milieu etwas zum Lachen reizt, ist der Reiz prinzipiell nicht um seiner selbst willen gesetzt. Er fällt nebenbei an. Da er zufällig vorkommt, ist nur Morphologie möglich, gegründet auf die äußeren Stellen seines Auftretens, bestenfalls eine Topik[7], ein System indessen nicht.

---

4 Hierzu berichtet Amtsrichter *Coeppicus*, Oberhausen, in ZRP 1995, 203, der OLG-Präsident zu Köln sei in einem Rechtsstreit Firma *Thyssen* gegen Stadtwerke Duisburg wegen Kostenüberschreitung einer Rauchgasentschwefelungsanlage, Streitwert 170 Millionen Mark, um Bezeichnung eines Schiedsrichters gebeten worden, habe sich selbst vorgeschlagen, eine Empfehlung zur Streitbeilegung (bei Kostenaufhebung) abgegeben und von jeder Partei 385 000 Mark Gebühren gefordert und erhalten. Allerdings habe nun der Landesfiskus darauf hingewiesen, daß Nebentätigkeit für die öffentliche Hand bei Besoldungsgruppe R 6 auf 12 000 Mark im Jahr begrenzt sei und von dem Kostenanteil der Stadtwerke Duisburg 373 000 Mark abgeholt.

5 Vgl. etwa *Vollkommer* in seiner Laudatio auf *Heinz Putzo* zum 75. Geburtstag, NJW 1995, 1531: »Die Übernahme des Schiedsrichteramts in bedeutenden Sachen rundet sein vielfältiges Wirken in der Praxis ab.«

6 Wenn etwa wegen Planungsfehlers des Architekten eine Garage zusammenfällt, geben sie keinen Schadensersatzanspruch, weil erst Gelegenheit zur Nachbesserung gewährt werden müsse.

7 Ebenfalls ein genügsamer theoretischer Ansatz. Eine Zivilrechtstopik käme mit ganz wenigen topoi aus, etwa
a) der Handwerker muß seinen Lohn bekommen, →

## V.

Die Stellen der Komik sind abzählbar.
Drei Bereiche kommen überhaupt nur in Betracht: das Gesetz, die Rechtsprechung, die Wissenschaft. Hiervon bleibt die Wissenschaft als Gegenstand der Untersuchung ausgeschlossen. Wenn sie komisch wird, ist sie keine Wissenschaft mehr, und die Tragikomik, das Manisch-Bohrende mancher Spätwerke zu untersuchen, verbieten Pietät und Respekt vor dem Lebensschaffen untadeliger Gelehrter. Daß Professoren beliebter Anekdotenstoff sind, ist bekannt und soll hier nicht vertieft werden.[8]

Die nachstehende Untersuchung beschränkt sich von daher auf das Vorkommen von Komik in Gesetz und Urteil.[9]

---

*(Fortsetzung Anm. 7)*
b) die alte Frau,
c) der Makler kriegt nichts,
d) dem gemeinrechtlichen Gesichtspunkt der Sauerei.

8 Nicht nur sie, auch der Wissenschaftsbetrieb im übrigen. Nachdem *Horst Schröder* in der Adria ertrunken war, hing in Tübingen am schwarzen Brett der Fakultät ein Zettel: »Baden verboten. Anderer Ansicht *Schönke/Schröder*.« (Ein Namensvetter, *Friedrich-Christian*, bekannt als »Schroeder hinter dem Schroeder«, ist zeitweise wegen seiner Klausurtexte ins Gerede gekommen: »So besetzte er einen ... Abtreibungsfall mit dem deutsch-italienischen Gespann ›Frieda Fettbacke‹ und ›Francesco Papagailo‹. Und als Opfer einer Vergewaltigung kam im Prüfungstext eine fiktive ›Minna Schlagloch‹ vor«; Der Spiegel 1984, Heft 37, S. 94).

9 Das gleichlautende Werk von *Carl Schmitt* enthält (a. a. O., S. 18) ein einleuchtendes Beispiel für falsche Induktionsschlüsse: »Ein Junge, der aus der Tatsache, daß er schiefe Absätze hat, den Schluß zieht, die Erde sei eine Kugel, hat überhaupt keine beachtliche Entdeckung gemacht ... Oder ist dadurch, daß später die Entdeckung dieses Jungen wissenschaftlich bestätigt wird, seine Meinung zu einer beachtlichen geworden, und kann er geltend machen, sein Weg sei viel einfacher und unmittelbarer und ergebe ein jetzt anerkanntes Resultat ohne jede Künstelei?«

## *VI.*

Das Gesetz ist lachhaft: entweder bei den geregelten Sachverhalten oder wegen seiner Ausdrucksform. (Das öffentliche Recht bleibt hier weitestgehend ausgeklammert. Ein Beispiel zeigt, warum. § 26 des Bestattungsgesetzes für Baden-Württemberg besagt: »Personen, die gewerbsmäßig oder berufsmäßig Leichen reinigen, ankleiden oder einsargen, dürfen nicht im Lebensmittel-, Gaststätten- oder Friseurgewerbe tätig sein.« Übrigens kommt im *Dürig* als nächste Hausnummer etwas zum Viehseuchengesetz.)[10]

## *VII.*

Die geregelten Sachverhalte: Zuweilen sind sie lebensfremd oder sonst abwegig; das macht dann den Reiz aus. So etwa § 267 II BGB mit den drei Bekloppten.[11]

Oder die äußerst wichtige Vorschrift des § 49 StPO, daß der Bundespräsident in seiner Wohnung zu vernehmen ist. (Ein Streit rankt sich um die Frage: Wenn der Bundespräsident auf Reisen ist, und der Bundestagspräsident vertritt ihn: muß er dann auch in seiner Wohnung vernommen werden?[12] Nicht

---

10 Sammlung *Dürig*, Hausnummern 114 und 115; das Recht eines Flächenstaats. Die räumliche Enge eines Stadtstaats führt demgegenüber zu Regelungen wie folgendem § 8 II der Friedhofsordnung:
»Auf jeder mit einer Leiche belegten Grabstelle einer Wahlgrabstätte für Verstorbene ab vollendetem 5. Lebensjahr dürfen vor Ablauf der Ruhezeit außerdem die Leiche eines Verstorbenen bis zum vollendeten 5. Lebensjahr oder die Leichen von Zwillingen unter einem Jahr beigesetzt werden« (hamb. GVBl. 1970, 138).

11 Einer bezahlt, der nicht muß: bekloppt. Der andere will das Geld nicht haben: bekloppt. Der Dritte widerspricht, obschon hernach schuldenfrei: der Beklopptеste. Die Situation kommt halt nicht vor. Weshalb regelt man sie dann?

12 Vgl. zum Streitstand KK-Pelchen, § 49 Rdn. 1.

besprochen wird, in wessen Wohnung im bejahenden Fall. In seiner? oder in der des Bundespräsidenten?).
Oder der stille Fatalismus des § 247 ZPO, der Krieg und Verwaltungshandeln unter die Zufälle rechnet.[13]

## *VIII.*

In der Ausdrucksform sind die Reichsjustizgesetze idyllischer als die späteren; oftmals alterthümblich gedrechselt wie § 139 II ZPO; oftmals überholt wie § 183 II ZPO: wer hat heutigen Tags im Geschäftslokal eines Rechtsanwalts oder Notars noch einen »Gehilfen oder Schreiber« beschäftigt gefunden? Es war die Zeit der Platzgeschäfte – ach, wo ist sie hin.

## *IX.*

Manchmal erschließt sich der Witz des Gesetzes erst in zweiter Ableitung. So bei den Blankettstrafgesetzen. *Müller-Dietz*[14] weist etwa hin auf die strafgesetzlich vorgesehene Möglichkeit, fahrlässig

– die Bezeichnung »Kurort« zu benutzen;[15]

---

13 »Hält sich eine Partei an einem Orte auf, der von dem Verkehr mit dem Prozeßgericht durch obrigkeitliche Anordnung oder durch Krieg oder durch andere Zufälle abgeschnitten ist, so kann der Vorsitzende auch von Amts wegen die Aussetzung des Verfahrens bis zur Beseitigung des Hindernisses anordnen.« Üblicherweise werden die Leute durch Krieg noch von ganz anderen Sachen abgeschnitten als vom Verkehr mit dem Prozeßgericht; das interessiert aber die ZPO nicht.

14 JZ 1984, 26.

15 §§ 21 I lit. b und 13 II des baden-württembergischen Gesetzes über Kurorte, GBl. 1972, 70: »§ 21. Ordnungswidrig handelt, wer vorsätzlich oder fahrlässig ... entgegen § 13 Abs. 2 die allgemeine Bezeichnung Kurort verwendet, ohne daß...«

– in Konditoreien zu schnupfen resp. Tabak zu kauen;[16]
– Leichen zu konservieren.[17]

Man wird dies unter Reibungsverluste einordnen müssen. Wer kann auch an alles denken. Aber weshalb regelt man (in Österreich) eigens den Fall, daß der Dieb gegen den Bestohlenen Gewährleistungsansprüche wegen Mängeln der gestohlenen Sache anmeldet?[18]

(Überhaupt ist das ABGB voll von Anachronismen, sei es, daß es das Erbrecht regelt von Ordensleuten, die ein Gelübde der Armut abgelegt haben,[19] sei es, daß Sonderrecht an Orten gilt, wo die Pest herrscht,[20] sei es, daß längst verschollene Dienstbarkeiten aufgezählt werden[21] oder im Einzelfall näher erläu-

---

16 §§ 6 V 4, 11 I Nr. 8 der bad.-württ. Bäckerei-Hygiene-VO (GBl. 1977, 255): »§ 11. Ordnungswidrig … handelt, wer vorsätzlich oder fahrlässig … 8. den Vorschriften des § 6 Abs. 5 und 6 über das Tragen von Kleidung, das Bedecken des Kopfes, das Rauchen, Schnupfen, Tabakkauen und Kaltrauchen sowie über die Reinigung der Hände und Arme zuwiderhandelt …«

17 §§ 29 und 49 I Nr. 13 des baden-württembergischen Bestattungsgesetzes: »§ 49: Ordnungswidrig handelt, wer vorsätzlich oder fahrlässig… 13. entgegen § 29 Leichen konserviert …«

18 § 929 ABGB: »Wer eine fremde Sache wissentlich an sich bringt, hat ebensowenig Anspruch auf eine Gewährleistung, als derjenige, welcher ausdrücklich darauf Verzicht getan hat.« Ein Österreicher-Witz als Gesetz.

19 § 573 und § 539 ABGB mit dem Gesetz BGBl. 1976, 50.

20 Hier kann vereinfacht testiert werden, §§ 597 f. ABGB, wobei fürsorglich Bedacht genommen ist, daß sich nicht die sonst vorgeschriebenen zwei Zeugen mit der Seuche infizieren. Es reicht ein Zeuge.

21 »Feld-Servituten«, vgl. § 477 ABGB, also das Recht, »… 4. Holz zu fällen, verdorrte Äste und Reiser zu sammeln, Eicheln zu lesen, Laub zu rechen; 5. zu jagen, zu fischen, Vögel zu fangen; 6. Steine zu brechen, Sand zu graben, Kalk zu brennen.« Man stelle sich diesen Waldfrieden als Inhalt des BGB vor.

tert.[22] Dies ist Völkerkunde, Abteilung Rechtsmuseum.Das zeitlich knapp davor liegende ALR, ein Gesetz aus bewegter Zeit,[23] ist auch nicht besser, namentlich an gewissen Stellen unter dem Gesichtspunkt der Bestimmtheit von Tatbestand und Rechtsfolge gänzlich indiskutabel.)[24] Daß unser StVG Parkplätze für Blinde vorsieht[25] und unser BGB verrückt gewordene Grenzsteine,[26] sei nur am Rande bemerkt.

## X.

Urteile dürften an sich nicht komisch sein. Den Gerichten frommt Zurückhaltung. Es ist ihnen geradezu verboten, über Prozeßbeteiligte zu spotten. Das ist keine Großmut, eher die Form von Höflichkeit, mit der die Carolina vom Verurteilten als dem »Armen« spricht[27] (hernach aber anordnet, wie er zu rädern sei. Statt den Armen nicht zu rädern). Ausnahmen von

---

22 § 492 ABGB: »Das Recht des Fußsteiges begreift das Recht in sich, auf diesem Steige zu gehen, sich von Menschen tragen, oder andere Menschen zu sich kommen zu lassen.«

23 Zu erinnern ist hier an die §§ 205 I 9 f. ALR, betreffend das Kapern – § 205: »Privatpersonen, welche Kaperschiffe auszurüsten Vorhabens sind, müssen zu diesem Behufe sich Kaperbriefe ertheilen lassen.« In Preußen mußte alles seine Ordnung haben.
§ 206: »Wer ohne diese auf Kaperei ausgeht, wird als ein Seeräuber angesehn.« Wer heutzutage einen Kostüm-Entwurf kopiert (§ 18 UWG), wird übrigens als ein »Freibeuter« angesehn; OLG Hamm, NJW-RR 1990, 1380.

24 § 1069 II 20 ALR: »Sodomiterey und andre dergleichen unnatürliche Sünden, welche wegen ihrer Abscheulichkeit hier nicht genannt werden können, erfordern eine gänzliche Vertilgung des Andenkens.«

25 § 6 I Nr. 14.

26 § 919 I.

27 Art. 96 CCC. Einzelheiten zum Rädern in Art. 192, § 4.

dieser Regel gibt es auf dem Land:[28] Gewisse Deftigkeit kommt vor in den Sprüchen abgelegener Amtsgerichte und bietet Anekdotenstoff. Diese Vorfälle sind Justizfolklore,[29] Pflege von Brauchtum und Geselligkeit. (In der Zeitung heißt es dann: Justiz von der menschlichen Seite. Das Gespür der Presse für Regeln und Ausnahmen war von jeher ausgeprägt.)

Wo die örtlichen Verhältnisse nicht Militanz von alters her rechtfertigen, wirken solche Dinge unpassend. Sagt der Pfarrer nach der Predigt »Prost« und rutscht das Kanzelgeländer herunter, so muß das die Qualität der voraufgegangenen Glaubensbotschaft nicht berühren – es berührt sie aber, hierin sind die Leute heikel, auf unterirdische Art dann doch irgendwie. Ähnlich bei der Justiz. Den Richterspruch erwartet jedermann floskelfrei und unpathetisch. Gegen die Vorstellung von jovialer Verhandlungsführung oder einem blutvollen Urteil sträubt sich etwas.

## *XI.*

Ein Berufsstand, der kein politisches Mandat hat und keine Produktionsmittel, der aber, gleichwohl, jedermann in alles hineinreden kann (etwa, wie Münzen zu werfen sind[30] oder

---

28 Also in Bayern und in Köln. Hierzu später.

29 Das BVerwG hat gelegentlich Foltern in türkischen Gefängnissen nicht als Asylgrund anerkannt; das sei dort üblich. Der Ansatz ist bekannt geworden als »Folkloretheorie«.

30 VGH München, NJW 1991, 2306: »Beim Werfen einer Münze wird demgegenüber (sc. dem Streichholzziehen; Verf.) überwiegend die Eignung als Losentscheidung bejaht, wenn das Münzstück hoch genug geworfen und in mehrfache Umdrehungen versetzt worden ist. Dem schließt sich der erkennende Senat im vorliegenden Fall an: Wie der Vorsitzende des Bet. zu 1 in der mündlichen Anhörung berichtet hat, hat seinerzeit der Vorsitzende des Wahlvorstandes ein 1-DM-Stück auf Kopfhöhe hochgeworfen, so daß es nach mehrmaligem Umschlag auf

Streichhölzer zu ziehen),[31] muß in seinem Reden vorsichtig sein. Weniges wird so übelgenommen wie das Belehrende – und der belehrende Ton bleibt ja im Geltungsbereich des Abstraktionsprinzips[32] aus Gründen, die der Sache selbst innewohnen, nicht aus.

Und in was ist nicht alles hineingeredet worden.

Wie etwa eine Frau mit ihrem Mann zu schlafen hat:[33] Die Frau genügt ihren Pflichten nicht schon damit, daß sie die Beiwohnung teilnahmslos geschehen läßt. Wenn es ihr infolge ihrer Veranlagung oder aus anderen Gründen, zu denen die Unwissenheit der Eheleute gehören kann, versagt bleibt, im ehelichen Verkehr Befriedigung zu finden, so fordert die Ehe von ihr doch eine Gewährung in ehelicher Zuneigung und Opferbereitschaft und verbietet es, Gleichgültigkeit und Widerwillen zur Schau zu stellen.«

Hinsichtlich der Frau ist festgestellt, daß sie »während ihres mehrjährigen Zusammenlebens mit dem Kläger den Verkehr als reine Schweinerei betrachtet und bezeichnet hat, bei der sie Zeitung lesen könne, daß sie den Kläger aufgefordert hat, sich selbst zu befriedigen oder ein Bordell aufzusuchen«.

---

*(Fortsetzung Anm. 30)*
einer Resopaltischplatte liegen blieb« (a. a. O., 2307). Am Material der Tischplatte erkennt man den Schauplatz, die »Angestelltengruppe des Personalrats bei der IV. Bereitschaftspolizeiabteilung in N«.

31 BVerwG, NJW 1991, 3231. »Die Annahme des OVG, das Streichholzziehen lasse Manipulationen besonders leicht zu, beruht auf einer tatsächlichen Würdigung dieses Vorgangs. Dabei stützt sich das Gericht auf die nach seiner Meinung nach tatsächliche Erfahrung, daß derjenige, der beim Streichholzziehen die Streichhölzer hält, auf schwer überschaubare Weise das längere oder kürzere Streichholz bewußt auf die eine oder andere Seite nehmen, eines der Streichhölzer etwas länger herausragen lassen oder die Streichhölzer unterschiedlich festhalten könne« (3232).

32 »A könnte Eigentum erworben haben durch Kaufvertrag…«, wie man weiß.

33 BGH NJW 1967, 1078.

## XII.

Die gebotene Vorsicht juristischen Redens findet ihr Substrat in Vorschriften, die sich beschäftigen mit Form und Inhalt solchen Redens, die namentlich anordnen, daß sein Ergebnis, die Anweisung, hergeleitet sein muß aus dem Gesetz; kontrolliert und begründet. So besagt etwa § 34 StPO: »Die durch ein Rechtsmittel anfechtbaren Entscheidungen sowie die, durch welche ein Antrag abgelehnt wird, sind mit Gründen zu versehen.«[34]

## XIII.

Dergestalt entsteht zunächst bloß ein Text, dessen Aufbau bestimmten Regeln gehorcht. Lästig für den Rechtsunterworfenen wird dieses Gefüge stets erst dann, wenn es wirklich um die Wurst geht – in der Vollstreckung. Das Urteil selbst, ein mit Schreibfehlern[35] beschriebenes und mit Gründen versehenes Papier, hat einen Brennwert von vierzig Kalorien, je nach Seitenzahl, und man kann es statt Tapete an die Wand kleben, aber es droht von ihm keine konkrete Gefahr – gefährlich ist erst der Herr, der mit vollstreckbarer Ausfertigung und Zustellungsnachweis vorspricht und die »im Besitz des Schuldners befindlichen körperlichen Sachen … in Besitz nimmt«.[36]

---

34 Vgl. auch § 313 III ZPO: »Die Entscheidungsgründe enthalten eine kurze Zusammenfassung der Erwägungen, auf denen die Entscheidung in tatsächlicher und rechtlicher Hinsicht beruht.« Soweit OLG Hamm, NJW 1951, 166 zu § 34 StPO vertritt, die Begründung müsse die rechtlichen und tatsächlichen Erwägungen erkennen lassen, auf denen die Entscheidung beruhe, ist dies ein schönes Beispiel für die Einheit der Rechtsordnung. Der Text der ZPO dient der StPO als Kommentar, so ründet sich alles.

35 Haustierwiderrufsgesetz. Kaufmännisches Beschädigungsschreiben. Das Grundstück ist mit Apotheken belastet. Die Ehe ist zerrüttelt. Das Fahrzeug wurde am linken hinteren Rathaus beschädigt.

36 § 808 I ZPO.

Gegen diese Besitzergreifung kann der Schuldner sich wehren, worauf wiederum mit Gründen versehene Beschlüsse ergehen, allerdings wird der Ton jetzt weniger feierlich.

## *XIV.*

(Vollstreckungsrechtlicher Exkurs.)

Wenn der Rechtsunterworfene vier Stühle, einen Tisch und ein Sideboard besitzt, ist etwa eine Glasvitrine pfändbar.[37] Ein Zahnarzt braucht kein Auto.[38] Nicht nötig hat der Schuldner eine Nähmaschine, ein Heizkissen und eine elektrische Kaffeemühle.[39]

Betreffend Nähmaschine: »Zu der Zeit, als die Nähmaschine sich noch in ihrem Besitz befand, ist die Schuldnerin der gewerblichen Unzucht nachgegangen, hat also die Nähmaschine nicht zur Erwerbstätigkeit als Schneiderin benutzt.« Es folgt: Die Nähmaschine ist pfändbar, die Schuldnerin muß weiter auf den Strich gehen. Auf Näherin umzusatteln untersagt ihr § 811 Nr. 5 ZPO.
Zum Heizkissen: »Ein elektrisches Heizkissen gehört nicht zur bescheidenen Lebensführung. Es gibt zahlreiche Familien, die nicht über ein solches verfügen« (argumentum ex familia).
Zur Kaffeemühle: »Schließlich darf unter den gegebenen Umständen auch die vom Gläubiger gepfändete Kaffeemühle verwertet werden. Die Schuldnerin kann sich in nahezu jedem Geschäft, in dem Kaffee verkauft wird, die Kaffeebohnen unentgeltlich mahlen lassen« (argumentum *ex Eduscho).*

---

37 LG Heilbronn, MDR 1992, 1001: »Hinsichtlich der Glasvitrine vermag die Kammer eine Bedürftigkeit im Sinne des § 811 Nr. 1 ZPO nicht zu erkennen. Mit dem Sideboard kann die Sch. (sc. Schuldnerin; Verf.) wenigstens teilweise Gegenstände im Wohn- bzw. Eßzimmer unterbringen. Sollte hierfür weiterer Platz erforderlich sein, so ist die Sch. gehalten, Unterbringungsmöglichkeiten in anderen Räumen zu suchen. Eine Glasvitrine jedenfalls entspricht nicht den Vorstellungen, die mit einer bescheidenen Lebensführung verbunden sind.«

38 AG Sinzig, NJW-RR 1987, 508: »Für die nach Ansicht des Gerichts äußerst seltenen Behandlungen außerhalb der Praxis muß der Schuldner darauf verwiesen werden, erforderlichenfalls ein Taxi zu bestellen.«

39 OLG Köln, MDR 1969, 151.

Geschweige denn einen Grabstein[40] – wobei diese Situation literarisch seit der *Antigone* bearbeitet ist: *Kreons* Recht streitet gegen die Pietät, und die Pietät verliert bei *Sophokles* und dem Landgericht Wiesbaden[41] gleichermaßen. Was Grabsteine betrifft, ist übrigens klargestellt, daß sie keine Bauwerke sind, die fünfjährige Verjährungsfrist des § 638 BGB also nicht in Betracht kommt.[42]

## *XV.*

(Diese Dogmatik des Entbehrlichen hat einen Gegenpol, die Dogmatik des Notwendigen. Geben – so denkt man mit der Bibel – ist seliger denn Nehmen, und die Person – so denkt man mit Hegel – muß sich eine äußere Sphäre der Freiheit geben, um als Idee zu sein.[43] So sieht es prinzipiell auch der Gesetzgeber, und es wird an den begrifflichen Rändern dieses Gedan-

---

40 LG Wiesbaden, NJW-RR 1989, 575. »Nach § 811 Nr. 13 ZPO unterliegen lediglich die zur unmittelbaren Verwendung für die Bestattung bestimmten Gegenstände nicht der Pfändung. Zur unmittelbaren Verwendung für die eigentliche Bestattungshandlung sind im wesentlichen nur der Sarg und das Leichenhemd bestimmt« (a. a. O., 576 mit weiteren Nachweisen zum Streitstand. Es existiert hier ein Streitstand.) Weiter geht es: »Das Anbringen eines Grabsteines stellt gerade keine unmittelbare Verwendung für die Bestattungshandlung dar, da dieser erst nach Beendigung der Bestattung gesetzt wird. Daß das Setzen des Grabsteins keine unmittelbare Verwendung für die Bestattungshandlung darstellt, wird insbesondere dadurch deutlich, daß ein Großteil der Grabstätten keinen Grabstein hat« (a. a. O., 576).

41 »Insoweit stellt es gerade keinen Akt der Pietät gegen einen Verstorbenen dar, wenn ihm ein Angehöriger ein Grabdenkmal bestellt, dieses nicht bezahlt und den Handwerker um seinen Lohn bringt. Die Pfändung eines solchen Grabsteins durch den Werkunternehmer kann nicht gegen das allgemeine Pietätsgefühl verstoßen« (a. a. O., 576). Man bedenke, was Sophokles zu einer Sonderpietät für Handwerker geäußert hätte.

42 AG München, NJW-RR 1986, 20.

43 Grundlinien der Philosophie des Rechts, § 41.

kens die juristische Argumentation außerordentlich, beinah soziologisch tief. Nie ist menschlicher Geist dem Wesen von Gegenständen[44] und Ereignissen[45] näher gekommen als hier – in der Dialektik von laufenden und einmaligen Leistungen.)

## *XVI.*

Dies betrifft nun bloß die Vollstreckung und Sozialhilfe, also Sonder(privat)recht für arme Leute.[46] Die Vorsicht des Redens empfiehlt sich indessen auch anderweitig – unter den feinen und studierten Leuten. Angesichts ausgeprägten Rezensionswesens überlegt sich, wer am Meinungsstreit teilnimmt, besser mehrfach, was er äußert.[47] Ein Fauxpas ist hier leicht begangen,

---

44 Etwa: a) eines Schwarzweißfernsehers, BVerwG, NJW 1994, 2844, der seinem Wesen und der Regelsatzverordnung nach zum Aufwand rechnet für »Pflege der Beziehungen zur Umwelt und zur Teilhabe am kulturellen Leben«, ein Argument, das man in allen Facetten bestreiten kann (wobei übrigens die Anschaffung des Geräts bezahlt wird, die Reparatur aber nicht, BVerwG, NJW 1995, 272);
b) einer Schultüte, BVerwG, NJW 1993, 2192, wobei die Tüte mit fünfzehn Mark, der notwendige Inhalt mit zehn Mark angesetzt wird (2193);
c) einer Matratze, BVerwG, NJW 1991, 2305, wobei auch eine gebrauchte (als Sachleistung) zumutbar ist, denn in Hotels, Pensionen, Krankenhäusern komme der Hilfeberechtigte auch nur auf solche zu liegen (2306).

45 a) Geburtstagsfeier nebst Bewirtung, BVerwG, NVwZ 1994, 169;
b) Ausrichtung einer Hochzeitsfeier, BVerwG, NVwZ 1994, 172;
c) Tauffeier, BVerwG, NVwZ 1994, 170;
d) Erstkommunion, BVerwG, NVwZ 1994, 171.

46 Verf. verdankt *Dr. Christoph E. Hauschka* den Gedanken, die Konkursordnung sei Sonderprivatrecht für den Mittelstand; bei Betriebsgrößen über 500 Mitarbeitern sorge der Staat für Sanierungsprogramme.

47 *Karsten Schmidt* hat einmal (JZ 1982, 343) die »Formular-Rezension« angeregt – Nichtzutreffendes ist zu streichen –; Auszug: »Damit steht *wissenschaftliches Wagnis / praktische Nützlichkeit / das pädagogische Ziel* ganz im Vordergrund dieser Schrift. *Verständlicherweise/ erfreulicherweise geht dies / geht dies nicht* auf Kosten *der Verwendbarkeit für die Praxis / des wissenschaftlichen Ranges / der Verständlichkeit«.*

und der rächt sich im Zweifel bitter. Man bedenke: Das Forum, für das der Jurist schreibt, ist geschult, Partei zu ergreifen,[48] Meinungen zu haben, Standpunkte zu formulieren, Gegner rhetorisch zu vernichten. Dies Forum merkt auf Kleinstes, auf Marginalstes, des Satzes »minima non curat praetor« gänzlich ungeachtet.

## *XVII.*

Ein Beispiel:
Es äußert *Schlüter* zu § 52 II GmbHG (jetzt § 15 III), die Vorschrift verlange notarielle Beurkundung für die Abtretung von Geschäftsanteilen aus der Erwägung, den Leuten den Handel mit GmbH-Anteilen zu erschweren, durch den Gang zum Notar zu verleiden.[49] Er braucht sich nicht zu wundern, wenn nun einer kommt und sagt, das sei ja interessant, aber wenn demnach der Notar Erschwernisfunktion[50] habe, dann solle er doch einfach die Leute warten lassen, »im Winter am besten in ungeheizten, im Sommer in ungelüfteten Räumen«,[51] oder noch besser, man verlange zur Abtretung eines GmbH-Anteils »bei Nichtigkeitssanktion mit der Eisenbahn einmal die Rundstrecke München–Stuttgart–Hamburg–Nürnberg–Mün chen« abzufahren, dies helfe der notleidenden Bundesbahn, und zum Nachweis, daß die Bahnfahrt absolviert sei, verlange man zweckmäßigerweise notarielle Beurkundung, das vermindere die Zahl stellungsloser Notare.

---

48 Und sei es, als Richter, für das geschundene Gesetz.

49 Festschrift für *Bartholomeyczik* (1973), 359 ff.

50 *Wolfsteiner*, JZ 1977, 108.

51 a. a. O., 109.

Übrigens kann man auch ohne schriftliche Beteiligung am Meinungskampf in die Mühlen solcher Häme geraten, wie die Fehde eines ordentlichen Strafrechtsprofessors gegen den Richter am Amtsgericht *Griener* zeigt.[52]

## *XVIII.*

Dies waren Ausnahmen, Beispiele unsachlich-zynischer Stellungnahmen im wissenschaftlichen Meinungskampf. Nicht jeder ist willens, Ungereimtheiten und Widersprüche eines Regelungsbereichs so mild und gütig anzusprechen wie *Maurach* in seinem »besorgten Brief an einen künftigen Verbrecher«[53]. Und für den Richter gelten beide Möglichkeiten schon von vornherein nicht. Auf seine Berufsgruppe paßt eher noch *Karsten Schmidts* Verwunderung über das

> »Beharrungsvermögen, mit dem die Rechtsfakultäten aus engagierten Abiturienten bis heute noch kalt berechnende Gesetzesvollstrecker heranbilden«.[54]

Weder Milde noch Sarkasmus dürfen den Richterspruch prägen. Äußerste Sachlichkeit ist geboten.

---

52 *Bohnert*, Abschlußentscheidung, S. 125: »In einem strengeren Sinn ist kein Ereignis logisch, und hätte der objektive Idealismus und seine Lehre von der materialen Logik recht, so könnte zwar das Ereignis logisch sein, infolgedessen auch seine Erkenntnis, aber das transzendentale Subjekt der Erkenntnis wäre nicht der Amtsrichter G. in Konstanz. Nein, der nicht.«

53 JZ 1962, 380; Probe: »Ich entnehme Deinem Briefe, daß Dir der Eisenbahndiebstahl als lohnende Beschäftigung erscheint. Gewiß, warum nicht. Reisen bildet, und außerdem hat diese Art der Tätigkeit, wenn im angrenzenden Ausland betrieben, auch noch den, für die fernere Zukunft immerhin ins Auge zu fassenden Vorteil, daß im Ausland erlittene Diebstahlstrafen die obligatorische Rückfallschärfung nicht zu tragen vermögen.«

54 JZ 1989, 790.

*XIX.*

Das Verlangen, gleichwohl unsachlich zu werden, ist stark. Die Anlässe sind verschieden, die Ursachen verborgen. Es findet sich dann der Richter in einem Stil-Dilemma. Wie soll er, wenn er nicht darf?

Es haben sich einige Figuren herausgebildet, zu verborgen, um auf ihrer Grundlage eine juristische Tropenlehre zu entwikkeln, aber dennoch so markant, daß ihre Umrisse (meist nicht auf den ersten Blick) erkennbar sind. Womöglich gäbe der Begriff der Mimikri ein Sinnbild hiervon. Ein Text wirkt sachlich, juristisch-abschreckend, doch verbirgt sich, kraft der Schutzanpassung, hinter ihm das Wehrlose, Milde, Weiche, Mitfühlende.

Was kann zum Beispiel das Landgericht[55] dafür, wenn beim Tatopfer die Autopsie ergibt: Schrumpfniere, Leberzirrhose, zwei Meter Bandwurm, vier Promille Alkohol? Es kann nichts dafür. Und die saubere Trennung von qualitativen und quantitativen Befunden ist Ausdruck der inneren Ordnung der Dinge und ihrer wissenschaftlich-redlichen Durchdringung.

*XX.*

Manche Sachlichkeit gibt es extra und außerdem dazu. Das Urteil trifft Feststellungen, die sehr sachlich sind, aber rechtlich nichts besagen. Überfluß in sachlicher Gestalt macht Unsachlichkeit, Kommentar, Seitenblick aus.

*XXI.*

Etwa im Lilo-Fall.[56] Der Täter verzehrt (in Urteilen wird stets »verzehrt«; Bier, Wein, Schnaps: alles, wofür man in Gaststät-

---

55 Mannheim, NJW 1990, 2212.

56 BGHSt 9, 48.

ten Geld bezahlt, wird weder gegessen noch getrunken, sondern »verzehrt«),[57] verzehrt also fünfundzwanzig Glas Bier und Schnaps, fährt sodann in der Dämmerung mit dem Fahrrad nach Hause. Er gewahrt vor sich ein Mädchen, ebenfalls auf einem Fahrrad; nimmt sich eine Vergewaltigung vor, stürzt sich von hinten auf sie und wirft sie samt Fahrrad zu Boden. Nun der mißliche Effekt: sie kennt ihn. Es kommt zu dem unvergessenen Dialog: »Hermann, laß mich los!« – »Lilo – Du?«

Hermann äußert Weiteres, das ihm der Senat sachlich kommentiert:

»Er berief sich nicht darauf, daß er sie etwa ungewollt angefahren habe. Er brachte nur hervor: ›Wenn ich das gewußt hätte ...‹ (hierbei hatte er im Sinne: daß du es seiest) ... ›hätte ich das nicht gemacht‹. Selbstanklagen, daß er sich schämen müsse, wechselten zwei- bis dreimalig noch mit dem Aufflammen seiner geschlechtlichen Begierde. Er bedrängte die A dann mit dem unmißverständlichen Angebot: ›Ich möchte ja! Schade, daß Du es bist.‹«

Der erste Satz der Passage liefert Hermann eine naheliegende Ausrede nach. (Die fünfundzwanzig Bier. Die Schnäpse). Der Einschub im zweiten Satz erläutert, was sich von selbst ergibt. Der Rest spielt für die Entscheidung schon längst keine Rolle

---

57 In BGHSt 4, 20 verzehrt der Angeklagte »ein Glas Bier, 10 Schnäpse und eine Flasche Coca Cola«. S. 23 heißt es, der Angeklagte sei von der Wirtin aufgefordert worden, Kaffee immerhin zu »trinken«, Schnittchen immerhin zu »essen«. In BGHSt 26, 35 wird Schnaps mit Fanta getrunken; es folgt Schreckliches: »Der Angeklagte (ein Wirt; Verf.), der erkannt hatte, daß sich H. (der den Schnaps mit Fanta getrunken hatte – man tut das halt nicht) nicht mehr auf den Beinen halten konnte, faßte ihn schließlich, lehnte ihn an die Hauswand und riet ihm, sich am Regenrohr festzuhalten. Sodann ging er in seine Gaststube zurück. H. verlor alsbald den Halt, torkelte einige Schritte und fiel schließlich mit dem Kopf voraus auf die Fahrbahn.« Sodann Verurteilung wegen Aussetzung mit Todesfolge. Der Verzehr von Schnaps mit Fanta ist offensichtlich nicht der Weg, der zum Heile führet. In BGHSt 34, 59 führen »etwa 15 halbe Liter Bier« zu Dostojewski-artigen Affekten.

mehr; dient bloß dazu, den irrsinnigen Ausruf einzuführen: Schade, daß Du es bist. O Hermann, o Zufälle.

*XXII.*

Oder im Sirius-Fall.[58] Ein Hochstapler macht einer Gutgläubigen (dies alles trägt sich 1980 im Badischen zu)[59] weis, er sei ein Bewohner des Sirius, von dort ausgesandt, wertvolle Menschen zu retten. Sie könne ihn begleiten, allerdings müsse vorderhand ein Mönch Uliko durch aufwendige Meditation die mentalen Voraussetzungen schaffen. Für dreißigtausend Mark. Statt nun zu schreiben: Hierauf fiel diese Kuh herein, äußert der Senat die schlicht-sachlichen Worte: »Die Zeugin glaubte dem Angeklagten.« Nachdem die dreißigtausend aufgetrieben, dem Hochstapler übergeben sind: »Der Angeklagte verbrauchte das Geld für sich.« Der Leser spricht: Nicht möglich! Es deutet ja alles darauf hin, daß er das Geld für mildtätige Zwecke gespendet hat! oder dem Kloster übergeben, darin der Mönch hauset![60]

---

58 BGHSt 32, 38.

59 Im Schwäbischen wäre dies nicht vorgekommen, dafür war die Prämie für die Lebensversicherung (siehe nächste Anmerkung) zu hoch. Kein Schwabe bezahlt sechshundert Mark im Monat für Dinge, die er nicht anfassen kann, also Prämien, Honorare, Gebühren und ähnliches.

60 Es geht dann noch weiter. Die Doofe soll sich von ihrem Körper trennen, weil dieser zu starke Blockaden gegen die geistige Weiterentwicklung aufbaue. Das hat der Filou sehr richtig gesehen. Ein neuer Körper, eine Künstlerin, stehe in einem roten Raum am Genfer See bereit. Den alten Körper beseitige man zweckmäßig, indem man einen Fön ins Badewasser fallen lasse. Da am Genfer See aber zunächst Geld benötigt werde: Lebensversicherung, über eine halbe Million bei Unfalltod; begünstigt selbstverständlich der Filou. Darauf fiel diese Kuh herein. Nur ein technischer Defekt verhindert die letztliche, die endgültige geistige Weiterentwicklung. In der Entscheidung ist nicht vermerkt, ob gegen die Kuh wegen mittäterschaftlich versuchten Betrugs zum Nachteil der Versicherung ermittelt wurde.

## *XXIII.*

Ein weiterer Fall.[61] Jemand vertreibt, mit hanebüchensten Anpreisungen, über Anzeigen und Postversand, für unglaubliches Geld: Verjüngungs-, Abmagerungs- und Nichtraucherpillen; Haarverdicker. Alles Placebo.[62] Nimmt in sechs Wochen soviel ein, daß an die Hinterleute anderthalb Millionen Rohgewinn fließen. Zum Tatbestand des Betrugs eröffnet der Senat schlicht: »Den Produkten wurden, wie der Angeklagte wußte, Eigenschaften zugeschrieben, die sie nicht hatten.« Dann kommen Beispiele.[63] Dazwischen gibt es gratis einen sachlichen Satz; rechtlich bedeutungslos: »Der Angeklagte glaubte zunächst selbst nicht daran, daß jemand darauf hereinfallen würde.«

Dieser Satz handelt nicht von dem Angeklagten, sondern von denen, die darauf hereingefallen sind. Nur dieser eine Satz würdigt, daß unter uns, mit uns, neben uns Menschen sind, die ein Windbeutel glauben machen kann, ein Badezusatz für siebzig Mark mache zwanzig Jahre jünger; und beim »Einnehmen der ›Schlank-Pille M-E-D 300‹ müsse man sogar reichlich essen, ›damit die ungeheure Fettabschmelzkraft mit genügend Nahrung ausgeglichen werde«. Nur dieser eine Satz.

*(Vision:* Ob es nicht angeraten wäre, es würden restlos alle entmündigt. Das Bargeld würde abgeschafft. Der Staat setzte je hundert Entmündigten einen Rechtsgeschäftspfleger vor. Ohne dessen Unterschrift wäre jedes Rechtsgeschäft unwirksam. Zahlungsfreigabe erfolgte erst nach Genehmigung. Der Verkehr mit Grundbedürfnissen würde auf Couponbasis

---

61 BGHSt 34, 199.

62 In einem ganz elementaren Sinn des »placebo domino in regione vivorum«.

63 BGHSt 34, 199 (200): »Verblüfft und zufrieden hätten Testpersonen festgestellt, ›daß sie um herrliche zehn, fünfzehn oder mehr Jahre verjüngt‹ und zur Figur eines Filmstars geliftet worden seien.« In der Art.

abgewickelt. Eine Staatsprüfung enthöbe von der Genehmigungspflicht. Das Modell nähme zur Kenntnis, daß unter, neben, mit uns Menschen sind, deren lebensweltliche Verfaßtheit den Glauben zuläßt: ein Haarverdicker »Doppelhaar« verdopple das Haar binnen zehn Minuten; ein »Hollywood Lifting-Bad« lifte zur Figur eines Filmstars.
Verdienstvolle Ansätze sind gemacht. Das Abzahlungsgesetz. Das Haustürgesetz. Die Rechtsprechung zum drittfinanzierten Geschäft. Bloß letzte Konsequenzen fehlen noch: totale, umfassende, flächendeckende Vermögenspflegschaft; die Privatautonomie mit Genehmigungsvorbehalt.)

## *XXIV.*

Manch komischer Effekt entsteht durch rein Redaktionelles. Ein Urteil[64] etwa, abgedruckt in der NJW, behandelt Haftungsausschluß und Auskunftspflichten aus einem Architektenvertrag; es referiert von Anbeginn nur Vertragswortlaut. Zum Sachverhalt erfährt man nichts. Zwischendurch, als rechtliches Ergebnis, folgende Passage:

»Bei dieser Sachlage war der Beklagte noch auf Grund des Architektenvertrages verpflichtet, auftretenden Mängeln nachzugehen, die Örtlichkeit zu besichtigen und eine sachgerechte Auskunft zu erteilen.«

Dann die Subsumtion:

»N. (sc. der beklagte Architekt) hat im vorliegenden Fall keine sachgerechte Auskunft erteilt; denn er hat gesagt, die Sache sei harmlos, während am folgenden Tag die Decke herunterbrach.«

Das leuchtet ein und ist noch eher possierlich. Befremdlich hingegen, daß ein extrem widerlicher Sachverhalt, wie der zu BGH NJW 1990, 3281, der über eine ganze Spalte ein »vielaktiges Mordgeschehen« unter Gestrauchelten dokumentiert, als rechtlichen Aufhänger bloß das Problem bietet, ob neben le-

---

64 BGH, NJW 1971, 1130.

benslanger Freiheitsstrafe die Unterbringung in einer Entziehungsanstalt zulässig ist und ob die Strafe vorweg vollzogen werden kann (erst sitzt der Täter lebenslänglich, dann geht er auf Entziehung, nicht wahr).[65]

65 Vollstreckungsbehörde hierbei die Staatsanwaltschaft bei dem Jüngsten Gericht.

# 2.

## *I.*

Den Juristen frommt Sachlichkeit in allen Dingen, nur sind die Dinge teils sachlich nicht recht zu fassen: die aus der Sphäre des Geistigen, Spirituellen, Ästhetischen, Kreativen, kurz: das Unwägbare. Sie begegnen der Justiz als

*a) Kunst,*

*b) Religion,*

*c) anderes Okkultes,*

*d) unlauterer Wettbewerb,*

*e) Reisemängel.*

Die Justiz nähert sich diesen Dingen gestuft.

## II.

*Zu a) Kunst.*

Der Umgang mit ihr ist verschieden nach der Sparte.

Relativ einfach hat es die Finanzgerichtsbarkeit. Sie scheidet – für ihre Belange – Kunst in drei Abteilungen: Kunsthandwerk, Kunstgewerbe und Kunst, wobei ausschließlich letztere in den Genuß kommt, von der Gewerbesteuer befreit zu sein. Der Fiskus läßt sich diese Einkunftsquelle nur dann entgehen, wenn dem Steuerpflichtigen »individuelle Anschauungsweise« eignen und »besondere Gestaltungskraft« und dem Werke des Steuerpflichtigen eine »gewisse künstlerische Gestaltungshöhe«,[66] also im Zweifelsfall nie. Gewerblicher Verwendungszweck schließt hierbei die Annahme von Kunst nicht aus, wenn »der Kunstwert den Gebrauchswert übersteigt«,[67] im Zweifelsfall also ebenfalls nie. Womöglich angerührt von Spitzweg-Gemälden hält der BFH dem Künstler allerdings zugute, daß er »regelmäßig positive Einkünfte erst nach längerer Anlaufzeit erzielt (8 bis 10 Jahre)«.[68] Mehr Entgegenkommen ist vom Fiskus und der ihm assoziierten Gerichtsbarkeit nicht zu erwarten. Bedenkenlos degradiert er einen Trauerredner zum Gewerbetreibenden, da er »in der Masse der Fälle nach Redeschablonen« verfahre.[69]

---

66 BFH, BStBl. 1977 II, 474 = BFHE 141, 410.

67 *Schmidt*, EStG, § 18 Anm. 11 a.

68 BFHE 144, 49.

69 BFH, NJW 1982, 672: »An eigenschöpferischer Tätigkeit fehlt es, wenn der Redner mit Redeschablonen arbeitet und praktisch die gleiche Trauerrede, nur mit gewissen, auf den Einzelfall abgestellten Variationen und Daten, in zahlreichen Fällen wieder vorträgt.« Man bedenke, daß auf diesem Hintergrund etwa *Cézanne* mit seinem Zyklus »Die Badenden«, immer dieselben Nackten an immer denselben Gewässern, ebenfalls bloß Kunstgewerbe wäre – gottlob hatte *Cézanne* zeitlebens ausschließlich negative Einkünfte.

Oder einen Zauberer.[70] Bedenkenlos wird auch ein Fakir und Hypnotiseur auf Einkünfte aus Gewerbebetrieb verwiesen.[71]

Im Rahmen seiner Vorstellungen »schluckte er Feuer und konnte sich trotz zusätzlicher Belastung durch mitwirkende Zuschauer, ohne Verletzungen zu erleiden, auf ein Nagelbrett legen. Ferner demonstrierte der Kl. seine Fähigkeit, durch Glasscherben zu laufen, ohne sich zu verletzen. Zum Programm gehörte es schließlich, einen Zuschauer zu hypnotisieren, daß dieser gleichfalls auf Glasscherben stehen konnte. In der Einkommenssteuererklärung für das Streitjahr erklärte der Kl. seine Einnahmen aus dieser Tätigkeit ... als solche aus selbständiger Arbeit ...«, indessen vergeblich, denn die Darbietungen lassen nach Ansicht des FG keine »unterschiedliche Sinngebung durch den Betrachter zu« und die Hypnotisierung des Zuschauers »kommt als Ausdruck einer individuellen schöpferischen Gestaltung ebensowenig in Betracht« – zumal der vom Fakir in Anspruch genommene Künstlerdienst des Landesarbeitsamtes auch »Discjockeys, Fotomodelle und Dressmen« vermittelt, also sicher keine Künstler.

Wir halten fest: Der Kunstbegriff der Finanzgerichte ist ein hoher, schwierig zu erklimmender.

## *III.*

Die Ziviljustiz arbeitet mit dem an Besonderheiten von Kunst gänzlich uninteressierten BGB prägnant und sicher. Zweifelsfragen, wem ein Kunstwerk gehört, entscheiden etwa die §§ 516 ff., 929 ff., und wenn weder der Künstler noch das Land Berlin Wert legen auf ein Gemälde von 76,50 auf 12 Meter, das eine Elendsfigur zeigt und den Titel trägt »Der

70 BFH, NJW 1990, 2024: »Die Zauberei beruht auf Täuschung. Der Zuschauer ist sich darüber klar, daß er getäuscht wird; er weiß nur nicht wie. Die Fertigkeit des Zauberers besteht darin, mit Hilfe von Effekten, Apparaturen oder Fingerfertigkeit den Eindruck zu erwecken, die elementarsten Naturgesetze auf den Kopf zu stellen. (Nachweise) In diesem Sinne ist Zaubern jedoch nur Spiel, Artistik, angewandte Fingerfertigkeit, jedoch keine Kunst.«

71 FG Düsseldorf, NJW 1993, 1409.

leidende Mensch«, und dem Künstler der Nachweis nicht gelingt, daß er es dem Land geschenkt habe, dann muß er es eben zurücknehmen.[72] Und zwar in dem Zustand, in dem es sich befindet, nachdem das Land Berlin es »etwa acht Monate lang auf dem Messegelände am Funkturm gelagert hatte, wo es auf einer 12 m langen Eisenstange auf gut einen halben Meter eingerollt herumlag …«.[73]

## *IV.*

Ähnlich auch bei der Fettecke von *Beuys*.[74] Das Land hatte ihm, nach arbeitsgerichtlichem Vergleich, einen Raum in der staatlichen Kunstakademie unentgeltlich als Atelier überlassen.

»Am 28. 4. 1982 installierte Prof. Beuys im Rahmen einer künstlerischen Aktion eine ›Fettecke‹ in seinem Atelier. Dabei handelte es sich um eine etwa 25cm hohe Ecke aus Fett, die in 5 m Höhe an einer Ecke des Raumes unmittelbar und ohne weitere Verbindungsstücke auf den Putz aufgebracht wurde. Bei der Anbringung drang Fett in den Putz ein.«

Im Januar 1986 stirbt *Beuys;* im Oktober 1986 beschädigt ein Arbeiter die Fettecke beim Reinigen der Wände. Es klagt nun ein Herr gegen das Land auf 50 000 Mark Schadensersatz, der folgendes mitteilt: Beuys habe, seinerseits, ihm a) zu Lebzeiten alle Schlüssel zum Atelier ausgehändigt, b) die Fettecke geschenkt:

»Er habe die Aktion mit den Worten begonnen: ›Johannes, jetzt mache ich Dir

---

72 LG Berlin, NJW 1992, 1327.

73 *Krampe,* NJW 1992, 1264: »Eines Tages wurde sogar festgestellt, daß aus der Leinwand ein etwa 100 qm großes Stück herausgeschnitten war. Auf der Suche nach den abhanden gekommenen Teilen seines Werkes wurde der Künstler in einem nahegelegenen Zeltlager fündig. Dort dienten etwa 25 qm als Tischdecke. Der Rest blieb unauffindbar.«

74 LG Düsseldorf, NJW 1988, 345.

endlich Deine Fettecke.‹ Dieses Kunstwerk habe ein ständig präsenter Hinweis auf die Grundprinzipien der ›Plastischen Theorie‹ und eine Art Depot[75] für den Arbeitsauftrag des Kl., der sich auf die Erforschung des ›erweiterten Kunstbegriffs‹[76] richtete, sein sollen.«

Leider habe c) das Land sich geweigert, ihm das Atelier als »wissenschaftliches Dokumentations- und Informationszentrum in Sachen Beuys« zu überlassen.

§ 929 BGB löst auch diesen Fall zufriedenstellend. Schadensersatz kommt bloß aus §§ 989, 990 BGB in Betracht, die Eigentum des *Johannes* voraussetzen, und hieran fehlt es nicht zuletzt wegen der Gestaltungshöhe des Werks:

»Am 28. 4. 1982 – und auch zu einem späteren Zeitpunkt – hat eine Übergabe der ›Fettecke‹ auf den Kl. nicht stattgefunden. Von einer Übergabe von Hand zu Hand[77] kann nicht gesprochen werden, weil die Plastik in einer Höhe von ca. 5 m installiert worden ist. Die sinngemäße Erklärung von Professor Beuys, die ›Fettecke‹ gehöre nunmehr dem Kl. (›So, Johannes, da hast Du Deine Fettecke‹), reicht zur Übertragung des Besitzes nicht aus.«[78]

Eigentumsverletzung scheitert damit ebenso wie Verletzung des Vermögens: Ein schuldrechtlicher Anspruch auf Übereignung könnte sich, sagt das Landgericht, aus Schenkung ergeben, aber hierzu fehlt die notarielle Beurkundung, § 518 I BGB, und Heilung nach § 518 II BGB ist ebenfalls nicht eingetreten, da mangels Übertragung kein Vollzug stattgefunden hatte.

---

75 Nicht zu verwechseln mit Art Deco.

76 Die Erforschung des erweiterten Kunstbegriffs liegt zwischenzeitlich vollständig in den Händen des BVerfG; hierzu unten.

77 Vorliegend *pingui manu traditio.*

78 a. a. O., 346.

## *V.*

Auch die §§ 631 ff. BGB ermöglichen problemlose rechtliche Bearbeitung von Fällen mit Kunstbezug. Gibt ein Stammtisch ein Ölgemälde in Auftrag, das seine Mitglieder zeigen soll, und erkennt man auf dem Bild dann niemanden, dann braucht der Stammtisch das Bild nicht abzunehmen.[79] Und bestellt der Pfarrer ein Kirchenfenster mit liegendem Christus und der Künstler liefert denselben stehend gemalt und die Grabeswächter ebenfalls nicht nach Entwurf, dann muß er die Anzahlung zurückgeben und bekommt sein Fenster wieder, §§ 636, 327, 346 BGB.[80]

Andererseits: Wer eine Karte für eine Aufführung der »Penthesilea« kauft, kann Mängel der Aufführung nicht mit dem Argument rügen, der Regisseur habe die Vorlage heftig verändert. Da dies üblich geworden ist, schuldet er vollen Werklohn von achtzehn Mark.[81] Reduzieren[82] hätte er ihn nur können, wenn – wie in anderer Sache klargestellt[83] – eine für 17 Uhr bis 22 Uhr angesagte Gesangsdarbietung erst um 21.38 Uhr be-

---

79 OLG Karlsruhe, Justiz 1974, 123. »Der Augenschein des Senats an dem Bild des Kl. und den erschienenen fünf Mitgliedern der Stammtischrunde hat ergeben, daß das Bild beiden vertraglichen Anforderungen nicht genügt...« (124).

80 BGHZ 19, 382 = NJW 1956, 627.

81 AG Bonn, NJW 1983, 1200. Im Bemühen, das aus § 631 I BGB Geschuldete positiv zu bestimmen, greift das Gericht auf Brecht zurück: »Unverkennbar hat sich auf den deutschen Bühnen der Gegenwart eine starke Neigung zu einer aktualisierenden und kritischen Aufführungsweise von Stücken der Klassiker herausgestellt. Diese auch dem Kl. bekannte Tendenz bewirkt eine ›Umfunktionierung‹ *(B. Brecht)* eines Textes, wobei unter neu zu bestimmenden ideologischen oder ästhetischen Gesichtspunkten neue Schwerpunkte gesetzt werden.« Dies ist sozusagen der werkvertragliche Stand der Technik für Kunstaufführungen.

82 Von 45 auf 9 Mark.

83 AG Passau, NJW 1993, 1473.

ginnt und der Besucher wegen Übermüdung früher gehen muß.[84] Die schlechte Tonqualität rechnet ihm das Gericht hierbei pro rata temporis gegen die Pause auf.

»Hinzu kommt schlechte Qualität, sie führt aber nicht zu einer weiteren Herabsetzung des Preises, denn bei den fünf Stunden von 17 Uhr bis 22 Uhr war unstreitig eine halbe Stunde Pause vorgesehen: Prozentual hat der Kläger also mehr als 1/5 der vorgesehenen Singzeit mitbekommen, so daß von etwas mehr als 9 DM Entgelt auszugehen wäre; damit ist die schlechte Qualität ausgeglichen.«

## *VI.*

Wird eine Vorstellung der »Elektra« acht Minuten vor Schluß abgebrochen, so sollte man, nach soeben dargelegtem Rechtsverständnis, ebenfalls Minderung pro rata annehmen können. Doch belehrt das Gericht den insoweit Rechtsschutz Suchenden, die Leistung sei, da nur Geringfügiges fehle, insgesamt erbracht, und es sei dem Kläger hinsichtlich des Fehlenden zuzumuten, »sich die Kenntnis hiervon nachträglich durch Lektüre zu verschaffen«.[85]

Für die umfunktionierten Aufführungen der Art des AG Bonn, a. a. O., wird dies nicht gelten können. Man kann den Bühnentext ja nirgends nachlesen. Nur der Gesichtspunkt der Schadensminderungspflicht kann hier weiterhelfen. Der Minderungsbetrag wird gleichzusetzen sein mit dem fiktiven Aufwand zur Beschaffung der Bühnenfassung, etwa Telephonat mit der Intendanz und Kopierkosten für die Manuskriptseiten, die in der ausgefallenen Zeit zur Verlesung kamen. Nur wenn

---

84 AG Passau, a. a. O.: »Geht man davon aus, daß Konzertbeginn etwa um 17 Uhr als vertraglich vereinbarter Termin zu werten ist, so war der Kläger gem. § 636 I 1 BGB zum Rücktritt berechtigt. Den Rücktritt hat er unstreitig um 19.30 Uhr erklärt.«

85 AG München, Urteil v. 28. 8. 1958, 6 C 955/58.

der Kläger nachweist, daß dies nicht beschaffbar war, wird *pro rata* zu mindern sein.

*VII.*

Bei gesteigerter Phonzahl eines Rock-Konzerts (und gleichzeitig geminderter künstlerischer Gestaltungshöhe im Sinne der Finanzgerichtsbarkeit) ergeben sich Probleme gänzlich anderer Art.
Zwar geht es in solchen Fällen teils ebenfalls um Eintrittsgeld, jedoch aus Gründen der Preisgestaltung. Wer also einen teuren Platz kauft und hierbei Sicht auf die Darbietungen einer Rock-Gruppe rechtens erwarten darf, der kann den Mietpreis resp. Werklohn gemäß §§ 634, 537 BGB mindern, wenn Publikum auf die Bühne drängt und den eigens bezahlten Ausblick vereitelt, und zwar bis zum Preis eines Platzes hinunter, von dem man ebensowenig gesehen hätte:[86]

»Wenn Zuschauerplätze zu abgestuften Preisen vermietet werden, dann gehört nach der Verkehrsauffassung die bessere Sicht auf die Bühne zu dem Gebrauchswert des höher bezahlten Sitzplatzes; denn hierfür wird nach der Verkehrsauffassung auch der höhere Preis bezahlt. In der Regel wird ebenfalls die bessere akustische Wahrnehmung dazugehören, nicht jedoch bei Rock-Konzerten, die ohnehin in der Regel so laut sind, daß sie von allen Plätzen gleich gut gehört werden können.«

*VIII.*

Teils sind die Darbietungen derart gut hörbar, daß »akutes Lärmtrauma« bzw. »ein Hörsturz eintritt«[87] – für den der Veranstalter unter dem Gesichtspunkt der Verkehrssicherungspflicht haftet. Nach der begrifflichen Klärung:

---

86 AG Hannover, NJW 1981, 1219.

87 LG Trier, NJW 1993, 1474.

»Unter Heavy-Metal-Rock versteht man ... eine Spielweise der Rockmusik, die musikalisch de facto mit dem Hard-Rock identisch ist, sich diesem gegenüber jedoch durch noch größere Lautstärke auszeichnet«,

und einer Würdigung des Streitstands im übrigen:

»Für die Beurteilung des vorliegenden Falles genügt die unstreitige Tatsache, daß auf Grund der erreichten Lautstärke nach dem Konzert über 30 Besucher sich wegen Hörschäden in ärztliche Behandlung begeben mußten«,[88]

geht es letztlich nur noch um Mitverschulden. Hierzu wendet der Veranstalter ein: Es gereiche dem Geschädigten erstens zum Verschulden, daß er das Konzert überhaupt besucht hätte. Dies widerlegt ihm die Kammer mit dem Hinweis, das Konzert habe stattgefunden »in einer städtischen Einrichtung, die der Förderung der Entwicklung der Jugendlichen verpflichtet sein soll«.[89] Zweitens habe er das Konzert nicht beim ersten Anzeichen des Hörschadens verlassen. Auch dies führt nicht zur Klagabweisung:

»Die Parteien streiten nicht darüber, daß die typischen Symptome eines Hörsturzes – ein mehr oder weniger intensiver Pfeifton – erst von den Betroffenen bemerkt werden, wenn Stille eingetreten ist. Diese Stille trat aber frühestens mit dem Ende des Konzerts ein.«

## *IX.*

Beschleunigt übrigens ein Nachbar derartiger Veranstaltung den Eintritt des Konzert-Endes, indem er (nach vergeblicher Abmahnung) das Verstärkerkabel durchtrennt, so ist er hiermit aus §§ 227, 229 BGB gerechtfertigt.[90] Bemerkenswert ist in

---

88 Wobei Bekl. eingewendet hat (a. a. O., 1475), ausweislich des Umstands, daß von 500 Zuhörern nur 30 Hörschäden erlitten hätten, sei mit dergleichen nicht zu rechnen gewesen.

89 Deren Leiter, so ist a. a. O. weiter festgestellt, bekundet, »Heavy-Metal sei heute notwendiger Teil der Jugendarbeit«.

90 OLG Karlsruhe, NJW 1992, 1329.

diesem Zusammenhang der entschlossene Umgang des Gerichts mit Beweisanzeichen:

»Vorliegend waren jedoch durch die Musikdarbietung im Freien die Belange der Nachbarschaft in weitem Umfang beeinträchtigt, was sich schon aus dem Umstand ergibt, daß die Kl. es für erforderlich gehalten hatte, ihren Sohn einige Wochen vor der Veranstaltung mit dem Hinweis auf die bevorstehende Veranstaltung in der Nachbarschaft herumzuschicken.«

## X.

Auch hinter den Kulissen kann sich rechtlich Dramatisches abspielen.
In existentieller Not[91] wendet sich etwa ein Orchestermusiker klagend an die Arbeitsgerichtsbarkeit; beklagt: die Städtischen Bühnen, sein Arbeitgeber.[92]

»In ihrem schriftlichen Arbeitsvertrag haben die Parteien vereinbart, daß der Kl. zum Spielen des Instruments Klarinette verpflichtet ist und ihm die Tätigkeit eines stellvertretenden 1. Klarinettisten übertragen wird.«

Für den Arbeitsvertrag gilt ein Tarifvertrag, dessen § 7 II besagt:

»Die Mitwirkungspflicht umfaßt auch die Mitwirkung

a) bei Bühnenmusik, darunter im Rahmen der Zumutbarkeit auch die Mitwirkung bei ernst zu wertender Musik auf der Szene, auch in Kostüm und Maske oder in Kostüm oder Maske ...«

*Incipit tragoedia:*

»Während der Spielzeit 1982/83 wurde von den Städtischen Bühnen M. die Operette ›Gräfin Mariza‹ von Emmerich Kálmán aufgeführt. Dabei wurde der Kl. in jedem Akt für die Dauer von drei bis sechs Minuten in der Szene

91 Es geht um Sonderhonorar. Dasein, nach *Heidegger,* ist Hinausgehaltensein in das Nichts, hier: in die Absenz von Sonderhonorar.

92 BAG, NJW 1985, 2154.

eingesetzt, wobei er einen Klarinette spielenden Zigeuner[93] darzustellen hatte. Der Kläger trug dabei einen weißen, halblangen Überhang,[94] der mit einer grünen Schleife um die Hüfte zusammengebunden war. Mit der Klage hat der Kl. die Feststellung begehrt, daß er nicht verpflichtet ist, bei der Aufführung der Operette ›Gräfin Mariza‹ auf der Bühne auswendig zu spielen und schauspielerische Leistungen zu erbringen.«

Er dringt durch, da Operettenmusik keine »ernst zu wertende« im Sinne von § 7 II des Tarifvertrags darstellt. Ohne Sonderhonorar braucht sich kein Klarinettist aus dem Orchestergraben zum Zigeuner machen zu lassen.

## *XI.*

Es ist auch keine Opernsängerin, die dem »Normalvertrag Chor« unterfällt, verpflichtet, auf der Bühne zu tanzen – es sei denn, es handle sich um einen Gesellschaftstanz.[95] Die Gavotte ist indessen ein solcher; Sonderhonorar für Tätigkeit eines Berufstänzers fällt also nicht an:

»Die Kl. behauptet zwar, die von ihr dargebotenen Tänze erforderten vollständige Körperbeherrschung sowie ein spezielles Training und könnten grundsätzlich nur von Berufstänzern ausgeführt werden. Dies ergibt sich aber entgegen der Auffassung der Kl. nicht aus bestimmten Schrittfolgen, die die Kniebeuge (»Plié«) betreffen oder die Haltung der Arme beim ›port de bras‹ oder die Gewichtsverlagerung von einem auf das andere Bein bei der ›dégagé‹. ... Unerheblich ist insoweit auch, ob die Tanzdarbietungen für die heute 56jährige Kl. körperlich anstrengend waren oder nicht.«[96]

Und noch weniger sind abgerichtete Hunde, die jemand ver-

---

93 Der Begriff des Zigeuners ist juristisch aufgearbeitet durch das OLG Karlsruhe, NJW 1986, 1276. Ihn zu verwenden erscheint dem OLG »als ausgesprochen unglücklich«.

94 Vgl. auch § 910 BGB.

95 BAG, NJW 1987, 1446.

96 a. a. O., 1447.

mietet hat, damit sie in einer Filmszene das kalte Büffet stürmen, verpflichtet, diese Tätigkeit bei Temperaturen bis zu 33 Grad auszuführen.[97] Auch dies übrigens ein Werkvertrag: »weil der Bekl. einen bestimmten Erfolg, nämlich die Bereitstellung von Hunden schuldete, die in der Lage waren, entsprechend dem Drehbuch bestimmte Filmszenen zu gestalten«.[98]

Mir scheint dies bedenklich. Wenn sich der Beklagte verpflichtet hätte, in eigener Person das Büffet zu stürmen, wäre dies wohl Dienstvertrag – höherer Art nach § 627 I BGB. Der Schwerpunkt liegt hier wohl eher auf dem Vorgang des Stürmens, nicht auf dem Erfolg des Gestürmtseins des Büffets zu liegen.

Man bedenke auch die Schwierigkeiten der Abnahme in solchen Fällen – soll sie verweigert werden können, weil sich noch intakte Schnittchen finden? Müssen die Hunde nachbessern, bevor der Regisseur zur Abhilfe durch dritte Hunde schreiten darf?[99]

Paßt nicht Mietrecht überhaupt am besten?

## *XII.*

(In diesem Zusammenhang sei auf *Karsten Schmidts* Vorschlag hingewiesen, wie die verschuldensunabhängige Tierhalterhaftung entschärft werden kann.[100]

Man gründe als Hundehalter zweckmäßig – so Schmidt – zusammen mit einem Bekannten eine »X und Y Hundehaltungs GbR«

---

97 KG, NJW 1989, 399.

98 a. a. O., 400.

99 § 633 III BGB.

100 JZ 1988, 31.

und erkläre X und Y zu gesamtvertretungsberechtigten Gesellschaftern.
Damit wird folgendes erreicht:

»Eine persönliche Haftung der Gesellschafter für Gesellschaftsschulden aus unerlaubter Handlung besteht, da eine dem § 128 HGB entsprechende gesetzliche Haftungsanordnung fehlt, nicht. Für einen unter § 833 Satz 1 BGB fallenden Schaden haftet demnach das Gesellschaftsvermögen, bestehend aus dem Tier... Eine Klage wegen Tierhalterhaftung kann ... mit Erfolg nur gegen die Gesellschaft erhoben werden. Für die Kosten (§ 91 ZPO) haftet das Gesellschaftsvermögen, bestehend aus dem Hund.«

Ende des kautelarjuristischen Exkurses.)

## *XIII.*

Wir sahen auf der einen Seite den hohen Kunstbegriff der Finanzgerichtsbarkeit, auf der anderen den technisch-wertfrei zivilrechtlichen der Verträge und haben nun festzustellen, daß der unerfreulichste juristische Aspekt der Kunst der strafrechtliche ist – respektive derjenige der nahegelegenen §§ 823, 1004 BGB.

Im Gegensatz zur Forderung des BFH nach Gestaltungshöhe und Gestaltungskraft waltet in diesem Bereich der Kunstbegriff des Verfassungsrechts, und dieser ist nun, in einem Doppelsinn, sehr tief.

## *XIV.*

Zum einen ist er so tief, daß man zu seiner Erläuterung stets zu Metaphern greifen muß.
Die Metaphern entstammen vorzugsweise zwei Bereichen, der Elektromechanik auf der einen, der Beleuchtungstechnik auf der anderen Seite.

Die Vertreter der einen Metaphorik sprechen hierbei von Spannungsfeld,[101] die Vertreter der anderen von Licht.[102]

## XV.

Zum andern ist er tief im Sinn von niedrig. Man hat das BVerfG viel gescholten wegen des offenen, des erweiterten Kunstbegriffs, wonach man nur noch darauf zu achten hat, ob Gattungsanforderungen eines Werktyps (Gedicht, Erzählung, Roman, Gemälde, Collage) eingehalten sind, und zwar »unter Verzicht auf jegliche Niveaukontrolle«.[103]
Man hat bemerkt, das »künstlerische Material« der einschlägigen Verfassungsgerichtsentscheidungen entstamme »durchwegs den unteren und den hinteren Regionen eines erweiterten Kunstbegriffs, von denen sich der Ästhet mit Grausen wendet«.[104] Man hat darauf verwiesen, daß »schwere Kränkungen, die möglicherweise als bloße Meinungsäußerungen im Hinblick auf Art. 5 II GG nicht zulässig wären, in der Gewandung von holpernden Versen aber juristische Dignität erlangen sollen«.[105]

---

101 Etwa BGHSt 37, 55 (56). Auch gern genommen wird der Begriff »Konfliktfeld«, *Maunz/Dürig-Scholz*, Art. 5 III Rdnr. 67. Oder »Wechselwirkungs-theorie«: *Dreher/Tröndle*, § 193, Rdnr. 14 b. All dies klingt sehr nach Physik-Lehrbuch – als wenn man den Kunstbegriff durch drei in verschiedene Richtungen gehaltene Finger demonstrieren könnte.

102 BGH, NJW-RR 1995, 477 (479). Die Entscheidung enthält die allgemeinste Form der Beleuchtungsebenen: »Die grundrechtsbeschränkenden Vorschriften des einfachen Rechts sind freilich wiederum im Lichte des eingeschränkten Grundrechts auszulegen, damit dessen wertsetzende Bedeutung für das einfache Recht auch auf der Rechtsanwendungsebene zur Geltung kommt.«

103 *Dreher/Tröndle*, § 184, Rdnr. 11.

104 *Isensee*, AfP 89 (1993), 619 (620).

105 *Dreher/Tröndle*, § 193, Rdnr. 14 f.

Oder, im Zusammenhang mit nächtlich entstandener Malerei an Hauswänden, zur Kunstfreiheit gehöre auch, »daß kein Eigentümer gezwungen werden darf, als Mäzen wider Willen zu fungieren«.[106]

Aus diesen Bemerkungen spricht die Sehnsucht des Strafrechtlers nach dem Kunstbegriff der Finanzgerichtsbarkeit.

## *XVI.*

Dabei geht es ja faktisch nur um ganz überschaubare Grüppchen. Ein bemerkenswerter Sachverhalt: Eine Handvoll Leute, deren Ehrbarkeit teils nicht vollständig gesichert scheint, verklagt eine Handvoll anderer, deren Erdenwallen im Verkünden von Botschaften besteht. Diese Grüppchen beschäftigen Scharen um Scharen von Juristen, verfaßt als Kammern, Senate, Vorprüfungsausschüsse, bestallt als Ordinarien, pensioniert als Gerichtspräsidenten.

Die Gesamtbetrachtung ergibt ein Ungleichgewicht zwischen den Justizorganen und den beteiligten Kunstob- und -subjekten. Denn wir finden auf der einen Seite, als Gegenstand der Kunst fungierend, als Sujets, bloß:

1. *Heinrich Böll,*
   a) lebend,[107]
   b) tot.[108]

---

106 ebd., § 303, Rdnr. 6 a.

107 BVerfG, NJW 1980, 2072.

108 BVerfG, NJW 1993, 1462.

2. *Franz Josef Strauß*
   a) lebend,[109]
   b) tot.[110]

3. Schweizer Hauswände,[111]
4. die Nationalhymne,[112]
5. *Dr. Hans Hockel,*[113]
6. die CDU,[114]
7. die Asylanten,[115]
8. *Heino,*[116]
9. *Steffi Graf.*[117]

Wir finden auf der anderen Seite folgende Künstler:

---

109 BVerfGE 82, 43 und 82, 272 und griesgrämig folgend OLG München, NJW 1992, 1323. Man hat ihn etwa – kunstvoll als kopulierendes Schwein dargestellt, BVerfGE 75, 369 und zuvor OLG Hamburg, NJW 1985, 1564.

110 Neben anderen Mitgliedern der bayerischen Staatsregierung: BayObLG, MDR 1994, 80.

111 BVerfG, NJW 1984, 1293 und EKMR, NJW 1984, 2753.

112 LG Baden-Baden, NJW 1985, 2431; in einer ganz entsetzlich schlechten Verhunzung.

113 OLG Karlsruhe, NJW 1982, 647.

114 OLG Karlsruhe, NJW 1972, 1810.

115 BayObLG, NJW 1994, 925.

116 LG Düsseldorf, NJW 1987, 1413: »Der Kl. ist der unter dem Namen ›Heino‹ bekannte Sänger. Der Bekl. ist Inhaber eines Schallplattenladens in Berlin. Er beteiligte sich ferner mit der Punk-Band ›Die toten Hosen‹ an Konzertveranstaltungen. In diesen tritt er zu Playback-Aufnahmen zu Liedern des Kl. als Sänger auf. Er ahmt hierbei, unter anderem durch hellblonde Perücke und dunkle Brille, die bekannte äußere Erscheinung des Kl. nach und bezeichnet sich selbst als ›Heino‹.«

117 OLG Karlsruhe, NJW 1994, 1963.

1. einen Liedermacher,[118]
2. *Eckhard Henscheid,*[119]
3. *Urs Naegeli,* der um keinen Preis in die von ihm künstlerisch verschönerte Heimat zurück wollte,[120]
4. *Ralph Giordano,*[121]
5. *Klaus Staeck,*[122]
6. einen Kriegsveteranen,[123]
7. die »Toten Hosen«,[124]
8. die »Angefahrenen Schulkinder«.[125]

Man fragt sich bei manchen der Beteiligten, ob der Aufwand letztlich lohnt. Wenn diese Leute »Faschist« sagen oder »Zwangsdemokrat«, hat das bestimmt nur Appellfunktion, wie bei den Selbstmördern,[126] und will nichts weiter bedeuten, als daß von deutschen Liedermachern oder Graphikern nie wieder Krieg ausgehen darf oder dergleichen. Und bei den übrigen fragt

---

118 BayObLG, MDR 1994, 80.

119 BVerfG, NJW 1993, 1462.

120 BVerfG und EKMR wie Fn. 111. »Wer Raffael nicht werden kann / der streicht getrost die Wände an«, wie ein bekanntes Sprichwort sagt.

121 BVerfGE 82, 272.

122 Wie Fn. 113, 114 sowie trickreich AG Hamburg, NJW 1989, 410: Die Postkarte »Konturen eines Amtsarsches« ist Kunst. Verschickt man sie an einen Polizisten, ist das Beleidigung.

123 LG Baden-Baden wie Fn. 112. Nach dem Sachverhalt eine tragische Gestalt. Aber wieso reimt er so schlecht?

124 LG Düsseldorf wie Fn. 116.

125 Mit ihrem Song »I wanna make love to Steffi Graf«, OLG Karlsruhe, NJW 1994, 1963, der sie 60 000 Mark Schmerzensgeld gekostet hat.

126 Hierzu etwa BGHSt 32, 367 (376): »verzweifelter Schrei nach menschlichem Beistand«.

man sich, ob sie nicht gut beraten wären, vom Werfen des ersten Steins Abstand zu nehmen, da selbst schwerlich ohne Sünde – ausgenommen *Steffi Graf* und die Hauswände, wie nicht hervorgehoben werden muß.

## *XVII.*

Und überhaupt bleibt zu erwägen, ob man für dergleichen Kasperletheater, für dergleichen Affenzirkus den ordentlichen Rechtsweg nicht insgesamt schließen sollte. Zuständige letzte Instanz könnte etwa das Bühnenschiedsobergericht in Hamburg[127] sein.

## *XVIII.*

Wir halten fest: Der wahre Künstler ist derjenige, der keine Gewerbesteuer zahlen muß und andere straflos beleidigen kann.[128]

## *XIX.*

(Die Verwaltung nähert sich der Kunst aus nochmals anderem Blickwinkel. Positive Bestimmung des Kunstbegriffs traut man ihr nicht zu, bloß eine Beurteilung dessen, was jedenfalls *keine* Kunst ist, nämlich, im Rahmen des § 33 a a. F. GewO, die

127 Von dessen Existenz erfährt man in seiner Entscheidung NJW 1995, 903. Es klagt dort eine Sängerin auf Gastspielhonorar für die Partie der »schwarzen Nachbarin« in der Oper »Die wundersame Schustersfrau«, nachdem sie eine ungesicherte Treppe heruntergefallen und deshalb zu singen nicht imstande war.

128 Also der deutsche Rechtsanwalt. Umgekehrt gilt indessen: Wenn ein Beamter der Ausländerbehörde einen Rechtsanwalt als »Schmuddelbäckchen« bezeichnet, schuldet er 750 Mark Schmerzensgeld, LG Hamburg, NJW-RR 1993, 29.

Beurteilung der Singspiele usf., bei denen »kein höheres Interesse der Kunst … obwaltet«.
Hierunter fallen etwa Peep-Show,[129] Zwergenweitwurf[130] und öffentliche Vorführung des Geschlechtsverkehrs auf der Bühne.[131]

Ende des singspielrechtlichen Exkurses.)

---

129 BVerwG, NJW 1982, 664.

130 VG Neustadt, NVwZ 1993, 98. Den Zweck eines Zwergenweitwurfs bestimmt das Gericht so: »Bei dieser Veranstaltung geht es darum, daß Personen aus dem Publikum einen – hier kleinwüchsigen – Menschen möglichst weit werfen«; a. a. O., 99.

131 BAG, NJW 1976, 1958. Hier ging es um die arbeitsrechtliche Problematik der Singspiele: »Am 8. 5. erklärte der Kl. zu 2, er habe sich am Geschlechtsteil verletzt und könne deswegen nicht auftreten. Im Hinblick darauf einigten sich die Parteien dahin, daß die Kl. eine sog. ›Imitations-Show‹ zeigen sollten. Demgemäß traten die Kl. bis zum 10. 5. auf. An diesem Tage wurde ihnen fristlos gekündigt.« Geld für die Imitations-Show gibt es wegen § 138 BGB nicht.

# 3.

## I.

*Zu b) Religion.*

Das Verhältnis der Justiz zu Glaubensdingen ist gespalten, unsicher, schwankend; teils derart parteiisch, daß man meinen könnte, sie sei befangen. Im Umgang mit Religiösem oszilliert sie zwischen Extremen; wie ein sentimentaler Ex-Liebhaber heftig werbend einerseits, höchst gekränkt, verwundet, aggressiv andererseits.
Die Ursachen dieser Zerrissenheit liegen im dunkeln. Sie müssen, dies ist der einzig gesicherte Punkt, außerhalb der jeweiligen Fach-Dogmatik zu suchen sein. Denn das Grundgesetz verbietet der Justiz in Art. 3 III, nach Glaubensmomenten zu unterscheiden, und in Art. 4 II, die Religionsausübung zu stören, und die Kirche ist kraft göttlichen Gebots gehalten, den Nächsten, damit sogar den Juristen, zu lieben.

## II.

Nähert man sich dem Phänomen von außerhalb, von anderer Disziplin her, so möchte etwa ein psychologischer Forschungsansatz den Begriff der Schatten-Projektion aus der Jungschen Terminologie anwenden: Es haßt ein jeder, unterbewußt, dasjenige im anderen am meisten, was er selbst nicht werden konnte – die eigne unerfüllte Möglichkeit, der Jurist demnach die dem Theologen verbliebene Fähigkeit, an Hohe Dinge zu *glauben* und Gutes zu *tun*.
Vielleicht setzt sich hier auch nur ein hergebrachter Streit der Fakultäten fort, als wissenschaftssoziologisches Phänomen, wie es schon bei Kant beschrieben ist, und, womöglich, die damaligen Wirkungen zeitigt bis heute:

»Die Prüfung der Kandidaten zu den geistlichen Ämtern ward nun einer Glaubenskommission anvertraut, der ein schema examinationis, nach pietistischem Zuschnitte, zum Grunde lag, welche gewissenhafte Kandidaten der Theologie zu Scharen von geistlichen Ämtern verscheuchte, und die Juristenfakultät übervölkerte; eine Art von Auswanderung, die zufälligerweise nebenbei auch ihren Nutzen gehabt haben mag.«[132]

Es gab offenbar eine Zeit, da sich der Juristenstand aus gewissenhaften, aber unpietistischen Theologen rekrutierte. Nicht auszuschließen, daß hier die Wurzeln liegen des Gesetzes-Positivismus, gewisser Gesetzes-Gläubigkeit; womöglich (wegen jenes alten Grams, jenes Abgewiesenwordenseins) auch dafür, daß die Justiz Sachverhalte mit Religionsbezug derart spitzfingerig, teils gesucht gehässig judiziert:

## *III.*

So, wenn das Landgericht feststellt:[133]

»Auch der persönliche Eindruck, den der Angeklagte in der Berufungsverhandlung hinterließ, überzeugte: ernst-zurückhaltend, dabei eine gewisse Würde wahrend, und sichtlich humorlos wie viele religiöse Strenggläubige.«

Oder der BGH:[134]

»Der Angekl. stieg nach erheblichem Alkoholgenuß in die katholische Kirche seiner Heimatgemeinde ein. Er wollte dem Pfarrer, der im Gemeindesaal gelegentlich ›Beerdigungskaffee‹ zu niedrigeren Preisen als in der Gastwirtschaft der Eltern des Angekl. ausgeschenkt hatte, einen Denkzettel verpassen. Der Angekl. legte im Kircheninnern an fünf Stellen Feuer, und zwar an drei Schriftständern und an den beiden Beichtstühlen.«

Indessen bleibt die Kirche verschont. Weshalb, ist nicht festgestellt. Der Senat äußert eine Vermutung:

»Das Feuer ging dann hier (sc. im rechten Beichtstuhl; Verf.) wie auch im linken Beichtstuhl – offensichtlich infolge Sauerstoffmangels – von selbst aus.«

---

132 *Kant*, Der Streit der Fakultäten, a. a. O., 273 (A XXIV f.).

133 Mannheim, NJW 1990, 2212.

134 NStZ 1986, 27.

Dies »offensichtlich«, für ein Revisionsgericht ohnehin bedenklich,[135] ist schon sehr subtil gesetzt.

## IV.

Ebenfalls sehr fein das OLG Karlsruhe.[136] Es kommt der Redakteur einer Heidelberger Wochenzeitung[137] auf den genial komischen Gedanken, bei der Eucharistie handle es sich um Kannibalismus (das Blut des Herrn, nicht wahr; und sein Fleisch). Im Lichte dieses Gedankens beleuchtet er den Vorgang einer Erstkommunion. Vor der Erfindung des Klosettpapiers hätte man das sofort auf den Abort gehängt. Heute befaßt sich das Oberlandesgericht damit und kommt zu dem Ergebnis:

»Dieser Bezugspunkt der Kritik steht im wesentlichen nicht im Widerspruch zur katholischen Glaubenslehre. Nach dieser werden die Elemente Brot und Wein in ihrer Substanz, ihrem Wesen nach mit der Wandlung zu Leib und Blut Christi. Dieser Vorgang wird mit dem Begriff der Transsubstantiation umschrieben, der die Realpräsenz Christi in der Eucharistie zur Folge hat. Die sich auf der Ebene des Glaubens vollziehende Wandlung läßt lediglich die Akzidentien, die Species der Elemente Brot und Wein als naturwissenschaftliche Erscheinungsform unverändert. Der Bezugspunkt des Aussagekerns des Artikels verläßt den Bereich der katholischen Glaubenslehre insoweit noch nicht.«

---

135 Kann eigentlich das Revisionsgericht offenkundige Tatsachen im Sinne des § 244 III StPO ergänzend unterstellen?

136 NStZ 1986, 363.

137 Von deren Leserschaft festgestellt ist, sie setze sich überwiegend zusammen aus »Studenten, sozialpolitisch Berufstätigen und Personen…, die Informationen nicht nur in der üblichen Tagespresse suchen«. Was sind eigentlich sozialpolitisch Berufstätige?

## *V.*

Das sind, wie man meinen könnte, bloß kurze Seitenhiebe; freundschaftliche Neckereien unter Waffenbrüdern.[138] Bisweilen wird die Argumentation jedoch fast hinterhältig. Man gewinnt den Eindruck, als seien zwischen Justiz und Religion noch Rechnungen offen, etwa im Katzenkönig-Fall.[139]

Halbweltpersonal bringt einen Minderbemittelten dazu,

> »durch schauspielerische Tricks, Vorspiegeln hypnotischer und hellseherischer Fähigkeiten und die Vornahme mystischer Kulthandlungen..., an die Existenz des ›Katzenkönigs‹, der seit Jahrtausenden das Böse verkörpere und die Welt bedrohe, zu glauben...«,

und als eine der Beteiligten erfährt, daß ihr Verflossener eine Frau mit Blumenladen geheiratet hat, wird beschlossen, daß der Minderbemittelte diese Frau umbringen soll. Man erläutert ihm, der Katzenkönig verlange ein Menschenopfer in Gestalt dieser Frau, und Millionen Menschen müßten sterben, wenn nicht der Minderbemittelte, kraft göttlichen Auftrags, binnen kurzer Frist, zur Tat schreite. Nachdem der Minderbemittelte, zunächst war er voller Skrupel, dann jedoch »unter Berufung auf Jesus« Vollzug geschworen hat, versucht er, die Frau in dem Blumenladen zu erstechen, wird von Passanten überwältigt und nebst den Spießgesellen wegen versuchten Mordes verurteilt.

Soweit ist alles ohne Besonderheit. Die Feinheiten liegen in versteckten Einzelformulierungen. So irritiert etwa die Aufzählung folgender (offenbar als gleichermaßen befremdlich angesehener) Umstände:

> »Auf Geheiß mußte er Mutproben bestehen, sich katholisch taufen lassen, Barbara H. ewige Treue schwören...«;

---

138 Beide leiten ihre Autorität her aus Schriften und betreiben ihre Künste nicht als Handwerk, sondern als Mundwerk.

139 BGHSt 35, 347.

doch der eigentliche Kommentar des Senats im Hinblick auf Kirchliches liegt in seinen Erwägungen zu § 34 StGB und den Voraussetzungen des übergesetzlichen Notstands. Der Minderbemittelte, so äußert der Senat, hat zwischen dem Leben der Blumenfrau und dem der Menschheit abgewogen, indessen vermeidbar fehlerhaft:

»Danach hätte er als Polizeibeamter[140] unter Berücksichtigung seiner individuellen Fähigkeiten und auch seiner Wahnideen bei gebührender Gewissensanspannung und der ihm zumutbaren Befragung einer Vertrauensperson, zum Beispiel eines Geistlichen, die rechtliche Unzulässigkeit einer quantitativen Abschätzung menschlichen Lebens als des absoluten Höchstwertes erkennen können.«

Die Beratung hinsichtlich Notstandsfragen in die Hände der Kirche zu legen, ist zweifelsfrei von großer Frivolität. Daß der Senat im Hinblick auf die sprachliche Fassung der §§ 34, 35 StGB die Anwaltschaft insoweit offensichtlich für derart überfordert hält, daß umwegslos an die Geistlichkeit verwiesen wird, verwundert indessen kaum.[141]

## *VI.*

Noch deutlicher wird diese Art von Gehässigkeit in einer anderen Entscheidung.[142] Ein Bistum gewährt jemandem ein Darlehen von zweitausend Mark zum Zweck des Studiums der Theologie. (Nur wer ein Gelübde alleräußerster Armut abgelegt hat, wird mit zweitausend Mark ein Studium zum

---

140 BGHSt 35, 347 (350). Die erste Stelle der Entscheidung, an der mitgeteilt wird, daß es sich bei dem Minderbemittelten um einen Polizisten handelt.

141 Und überdies möchte die Kirche über den Wert des Lebens womöglich ganz andere Auskünfte erteilt haben.

142 LG Hanau, NJW 1983, 2577.

Ende bringen können. Womöglich gelten aber Phasen von Hungerhalluzination bei den Theologen als Praktikum.)
Rückzahlbar: nach dem Abschlußexamen.
Der Betreffende beginnt das Studium, legt aber kein Examen ab, und zwar mit der Begründung: An der Hochschule lehre ein Pater K., der Thesen häretischen Inhalts vertrete. Zehn Jahre nach Darlehenshingabe[143] fordert die Kirche das Geld zurück.
Erfolglos. Das Landgericht verfährt lehrbuchmäßig.

1) Fälligkeitsvoraussetzung ist Ablegung des Examens; hieran fehlt es.

2) Dieser Umstand wäre unbeachtlich, wenn der Betreffende den Bedingungseintritt treuwidrig vereitelt hätte. Dies hat er indessen nicht. Denn er hat das Studium abgebrochen, weil der besagte Pater K. vom Dogma abweicht:

»Er beruft sich darauf, daß er einen Anspruch auf die Orthodoxie der Hochschule habe und ihm nicht zumutbar sei, an einer Hochschule, die sich von der Orthodoxie abkehre, indem sie die Lehre häretischer Thesen dulde und sie – wie im Fall des Paters K. – sogar zum Pflichtstoff der Prüfung erhebe, das Examen abzulegen.«

3) Damit ist er im Recht, wie das Landgericht aus dem Kirchengesetz herleitet:

»Diese Auffassung ist vom Standpunkt der katholischen Lehre aus nicht zu beanstanden. Geht man davon aus, daß Pater K. häretische Thesen vertritt, ist er nach can. 1325 § 2 CIC ein Häretiker, der nach can. 2314 § 2 CIC der Exkommunikation verfällt. Wenn die Hochschule die Tätigkeit eines solchen Dozenten duldet, begeht sie nach can. 2316 CIC selbst einen Verstoß gegen den Glauben und die Einheit der Kirche. Bei dieser Vorschrift gilt nämlich derjenige, der in irgendeiner Weise die Verbreitung der Häresie freiwillig und wissentlich unterstützt, als Häresie-Verdächtiger.«

---

143 Gott ist gnädig, die Kirche geduldig.

Der Einwand des Bistums, der Darlehensnehmer hätte die Prüfung ja anderswo ablegen können, greift ebenfalls nicht:

»Denn neben der Hochschule S. existiert in Deutschland nur eine einzige weitere katholische Hochschule, die in B. ihren Sitz hat; aber auch an diesem Institut lehrt nach dem unwidersprochenen Sachvortrag des Bekl. ein Dozent, der häretische Thesen vertritt.«

Erfolglos blieb auch die Verfassungsbeschwerde des Bistums.[144]

## *VII.*

Es mag bei diesen Seitenhieben auch ein gewisser Neid mitspielen auf den Berufsstand des Geistlichen, der etwa beim Werben um die Gunst einer Vierzehnjährigen glaubhaft darlegen kann, er sei der Heiland, um sich hierdurch Zungenküsse und später Weiteres zu erschleichen.[145] Hier sind die Möglichkeiten der Fakultäten höchst ungleich verteilt. Welcher Jurist könnte sich Erfolg beim anderen Geschlecht mit der Behauptung erhoffen, er sei Hans Kelsen?

(Im soeben geschilderten Fall hat übrigens die Revision der Staatsanwaltschaft Verurteilung aus § 179 I Nr. 1 StGB mit dem Argument erstrebt, die »pubertäre Religionshinwendung« des Opfers sei schwere Abartigkeit im Sinne dieser Vorschrift;[146] auch dies ist nicht sehr höflich gegen die Kirche gedacht.)

---

144 BVerfG, NJW 1984, 969; eingelegt, um den Rechtsweg zu den Kirchengerichten zu eröffnen, die in Fragen der Häresie offenbar weniger heikel denken.

145 BGH, NStZ 1986, 215. Oder BGHSt 13, 138. Der Sachverhalt wird jeden sexuell Andersartigen neidisch werden lassen. Was sich der Geistliche *in casu* umsonst verschaffen konnte, dafür müssen Normalsterbliche bis nach Thailand fliegen.

146 a. a. O., 215, r. Sp. sub (2).

## VIII.

Indiziell für die Befangenheit der Justiz ist ihr Verhältnis zu den ins Asoziale gesteigerten Formen der Gläubigkeit: zum Sektenwesen. Die Justiz führt hier Stellvertreterkriege. Es wird abgerechnet, was gegenüber den Amtskirchen abzurechnen nicht tunlich ist.
So widerlegt das OLG Frankfurt in einem Sorgerechtsfall den Zeugen Jehovas elementare Annahmen ihrer Glaubenslehre:[147]

> »Auch haben die Zeugen Jehovas in unserem freiheitlichen Staate das Recht, die Entscheidungsschlacht von Harmagedon (Apokalypse 16, 16) zu beschwören, aber – abgesehen davon, daß die Offenbarung des Presbyters Johannes erst im 4. Jahrhundert vom Frühkatholizismus und erst im 9. Jahrhundert von den östlichen Patriarchen in den Kanon des Neuen Testaments aufgenommen worden ist, also lange ohne Akzeptanz war, und noch Martin Luther zögerte, in diesem Buche wahrhaft christlichen Geist zu erkennen – es ist nicht mehr hinnehmbar, wenn schon jungen Menschen entsprechende Ängste eingeflößt werden.«[148]

Das überzeugt. Wieviel angstloser von Kindesbeinen an, wieviel befreiter, geht demgegenüber ein Protestant durchs Leben,[149] und das Fegefeuer ist gegen Stätten des Harmagedon ja ein heimeliger Ort.

## IX.

Noch eine Stufe tiefer: Wenn ein testamentarischer Alleinerbe, Enkel der Erblasserin, zwischenzeitlich Mitglied der Hare-Krishna-Sekte geworden ist, kann seine Mutter das Testament

---

147 NJW-RR 1995, 68.

148 a. a. O., 69.

149 Es gibt in diesem Zusammenhang einen Pietistenwitz, in dem die Frau aus dem Fenster schaut und sagt: »Heute ist schönes Wetter.« Und der Mann sagt: »Der Herr wird's schon strafen.«

erfolgreich anfechten.[150] Es nützt dem Enkel hierbei nichts, wenn er behauptet, das Erbe fließe nicht der Sekte zu, vielmehr plane er den Erwerb einer Landwirtschaft und einer Kerzenproduktion:

»Der Arrestbekl. hat weder Kenntnisse und Fähigkeiten, einen landwirtschaftlichen Betrieb zu führen und aufrechtzuerhalten, noch solche, eine Kerzenproduktion handwerklich und kaufmännisch auszuführen. Hinsichtlich der Kerzenproduktion hat der Arrestbekl. nicht dargelegt, wie er gegenüber dem reichhaltigen und vielfältigen Angebot insoweit von seiten Industrie, Handwerksbetrieben und alternativen Gruppen eine Erhaltung und ... sinnvolle Verwertung des Nachlasses durchzuführen imstande sei.«[151]

Man erwäge, dieser Gedanke würde generalisiert: Erbe kann nur werden, wer glaubhaft macht, den Nachlaß erhalten und sinnvoll verwerten zu können. Es träte dann wohl umfassendes Staats-Erbrecht ein.

## X.

Wenig Rücksicht nimmt die Justiz auch dann, wenn eine Kirche gegen die andere öffentlich gehässig wird. Sie bedient sich hier des Polizeirechts. Zieht beispielshalber, nach altem Brauch, die katholische Osterprozession nach dem Hauptgottesdienst mit Singen und Klingeln um die evangelische Kirche, darin die Protestanten still ihr Abendmahl feiern, so kann die Polizei die katholische Prozession verbieten, des Brauchtums ungeachtet.[152]

---

150 OLG München, NJW 1981, 2577.

151 a. a. O., 2578.

152 PrOVGE 23 (1892), 409: »Der Umstand, daß zu diesem Zeitpunkt der evangelische Gottesdienst, bestehend in der Abendmahlsfeier, noch nicht beendet war, veranlaßte bereits in den Jahren 1878 bis 1890 zunächst eine Erörterung im Schooße des Magistrats, dann ein Abkommen unter den beiderseitigen Pfarrgeistlichen, ferner zwei Anträge des

## *XI.*

Diese Gehässigkeiten, in anderen Rechtsbereichen kaum vorstellbar, finden ihren Gegenpol dort, wo die Justiz um die Kirche zu werben scheint. Das wenige, das sie aus eigenem Ermessen zu verteilen hat, dient sie der Kirche an.

In Bayern bekommt eine Kirchenstiftung etwa problemlos Prozeßkostenhilfe,[153] da sie eben, nämlich vor zehn Jahren, die Pfarrkirche außen renoviert hat und die Innenrenovierung plant – die sie mit Einnahmen aus »Kollekten, Pacht für die Grundstücke der Pfarrpfründestiftung und gemeindlich erhobenem Kirchgeld« allein nicht finanzieren kann, Rückstellungen sind geboten. Auf mögliche Einkünfte braucht sie sich nicht verweisen zu lassen:

> »Solche möglichen Einkünfte könnten sich ihr erschließen, wenn sie zur Vollstreckung ausstehenden Kirchgeldes schritte oder nach Can. 1266 des Codex Iuris Canonici eine Spendensammlung anordnete. Ersteres würde verkennen, daß die Kirchgeldverpflichtung zwar eine Rechtspflicht ist, jedoch nicht vollstreckt werden kann. Der Kirche stehen nur geistige Zwangsmittel zu, so daß es sich bei der Kirchgeldverpflichtung der Gläubigen juristisch um eine Naturalobligation handelt. Der Weg über Can. 1266 CIC kann seitens einer staatlichen Stelle, auch seitens eines Gerichts, einer kirchlichen Institution nicht, auch nicht mittelbar, zur Pflicht gemacht werden, weil damit in innere Angelegenheiten der Kirche eingegriffen würde.«

---

*(Fortsetzung Anm. 152)*
evangelischen Presbyterii, und bestimmte endlich die Polizeiverwaltung, unter dem 23. März 1891 an den katholischen Pfarrer A. eine Verfügung zu erlassen, wonach die am ersten Ostertage stattfindende Prozession die Grenzen des Hergebrachten nicht überschreiten darf und namentlich darauf zu achten ist, daß sie vor Beendigung des Gottesdienstes in der Nikolaikirche an dieser nicht vorüberzieht, jedenfalls aber der Gesang und das Klingeln auf den in der Nähe der Kirche befindlichen Straßen und Plätzen einzustellen ist.«

153 OLG Bamberg, NJW-RR 1990, 638.

Den Durchgriff zur Konzernmutter hält das OLG für ausgeschlossen:[154]

> »Aus dem Gesagten ergibt sich zunächst, daß eine ›wirtschaftliche Beteiligung‹ nicht etwa mit der Erwägung gerechtfertigt werden kann, die Kirche trete nach außen als Einheit auf. Oberster Verwalter und Verfügungsberechtigter über alle Kirchengüter ist zwar kraft seines Leitungsprimats nach Can. 1273 CIC der Papst. Eine Möglichkeit eines direkten Eingriffs in die Vermögensverwaltung ist aber begrenzt durch das Subsidiaritätsprinzip…«

(Diese Ausführungen halten einer Überprüfung unter den Grundsätzen des BGH zum faktischen Konzern, dem bekannten Quali-Fak, schwerlich stand.)

## *XII.*

Das BVerfG schont den Kirchensäckel ebenfalls.[155]
Die Ausgangslage der Entscheidung ist delikat. Der Vater einer Minderjährigen, Ordensmann bei den Benediktinern, zieht sich im Unterhaltsprozeß[156] auf sein Gelübde der Armut zurück: er habe gegen den Orden keine Vergütungsansprüche. Die Tochter bemüht hohe juristische Konstruktionen, um die Abtei haftbar zu machen, nämlich
1) die Tätigkeit des Vaters für den Orden sei unentgeltlich im Sinne des § 3 I AnfG, also anfechtbare Zuwendung;
2) die Abtei schulde Schadensersatz unter dem Gesichtspunkt der Beihilfe zur Unterhaltspflichtverletzung.
Das sind mutige Schritte auf dem Weg zur Rechtsfortbildung, indessen geht der Ordensfiskus vor; bezahlt wird nichts.

---

154 a. a. O., 639 sub (aa).

155 FamRZ 1992, 531.

156 Richter: *Geben Sie zu, daß Sie der Vater sind?*
Beklagter: *Jawohl.*
Richter: *Und wie ist es mit bezahlen?*
Beklagter: *Dafür nehm ich nichts.*

## *XIII.*

Auch ein erweiterter Begriff ihrer Baulichkeiten kann der Kirche zu Schutz- und Freiräumen verhelfen. Hier wirkt segensreich ein Strafsenat des BGH.[157]

Der Täter hat im Windfang einer Kirche onaniert, »als Kirchenbesucherinnen in seiner Nähe weilten«. § 166 StGB stellt (1956) »beschimpfenden Unfug« in Kirchen unter Strafe.
Ist der Windfang Kirche in diesem Sinn?

Der BGH nähert sich dieser Frage zunächst aus Kirchen-intrasystematischen Gesichtspunkten:

»Der Windfang mochte zwar keinen Teil der unmittelbar zum Gottesdienst bestimmten Räume bilden, und seine Entweihung vielleicht keine Entsühnung (reconciliatio) im kirchenrechtlichen Sinne (Canon 1172 ff. CIC) notwendig machen.«[158]

Nun kommt das eigentlich juristische Argument, nachdem das argumentum ex reconciliatione nicht greift: Nach dem »Rechtsgefühl und der Volksauffassung«

»befindet man sich nach Durchschreiten der äußeren Tür bereits in der Kirche. Dieses Empfinden pflegen die männlichen Kirchenbesucher z.B. dadurch zu bezeugen, daß sie meist schon beim Betreten solcher Eingangsräume den Hut abnehmen.«[159]

Ein Beispiel dafür, daß auch Argumente veralten. Nach dem Aussterben der Hutträger wird man heutzutage den Windfang nicht mehr zur Kirche zählen können.

---

157 BGHSt 9, 140.

158 a. a. O., 141.

159 a. a. O., 142.

## XIV.

Die Kirche muß erst kriminell werden, um in die Haftung zu kommen.[160]

Ein Mensch ohne Abitur, unstudiert, zahlt zehntausend Mark an einen kirchlichen Verein, der eine »Kirchliche Akademie« betreibt, zum Erwerb eines Doktorgrades. Der kirchliche Verein greift die zehntausend Mark und verleiht einen Titel – unter Verschweigung des Umstands, daß dieser außerhalb des kirchlichen Vereins nicht geführt werden darf.

»Gezielt angesprochen wurde...ohne jeden religiösen Bezug der in ›Industrie, Wirtschaft oder Management‹ tätige ›erfolgreiche Fachmann‹, also ein Personenkreis mit möglichem Interesse an der mit einem akademischen Grad verbundenen beruflichen und gesellschaftlichen Aufwertung.«[161]

Angewandte Vorschriften: »BGB §§ 812, 823 II, StGB § 263«. Es ist geradezu rührend, wie es enden kann, wenn die Kirche am Erwerbsleben teilnimmt.

(Ein weiteres Beispiel mißglückten Titelkaufs:

»Wie sehr es dem Bekl. zu 1 bereits an der grundlegenden Fähigkeit mangelte, die Doktorarbeit – was nach der Darstellung des Bekl. verabredet gewesen sein soll – ›sprachlich auf den neuesten Stand zu bringen‹, macht ein Schreiben deutlich, das der Bekl. zu 1 im Zusammenhang mit an ihn herangetragenen anwaltlichen Gebührenansprüchen verfaßt hat und in dem es heißt, ›mit erstaunen nehme ich die Forderungen des H (Rechtsanwalts) zur Kenntnis. Ich werde nur daß vereinbarte Honorar anerkennen und nicht das Geltend gemachte‹.«)[162]

---

160 OLG Hamm, NJW-RR 1993, 96.

161 a. a. O., 97.

162 BGH, NJW 1996, 665.

## XV.

Bemerkenswert ist demgegenüber die Demut, mit der die Kirchengerichte das Schicksal ihrer Gläubigen in die Hände der Justiz legen – obschon sie doch froh sein sollten, daß ihnen eigene Gerichtsbarkeit verliehen ist.

Ein Beispiel. Katholik A stellt gegen den Katholiken B Konkursantrag. Der Gemeinschuldner klagt nun vor dem kirchlichen Gericht, dem Erzbischöflichen Offiziliat,[163] gegen den Antragsteller auf Zurücknahme des Konkursantrags, Rechtsgrund: das Gebot der Nächstenliebe. Erfolglos. Es sei

»zu beachten, daß mit der Berufung auf das Hauptgebot der Gottes- und Nächstenliebe jegliche streitige Auseinandersetzung ad absurdum geführt werden könnte. Dies ist sicher nicht im Sinne des kanonischen Rechts. Die Kirche bräuchte dann keine eigene Gerichtsbarkeit mit eigenem Prozeßrecht. Die richterliche Entscheidung dient dem Rechtsfrieden und ist damit auch Teil jener Liebe, die in der Kirche und der Welt von den Christen verwirklicht werden kann.«[164]

## XVI.

Man könnte erwägen, diesem Gedanken Rechnung zu tragen und § 311 I ZPO dahin zu ändern, daß Urteile im Namen der Liebe ergehen, als Beitrag des Gesetzgebers zum Wertewandel.

---

163 Freiburg, NJW 1994, 3375; Heft 51, zum Weihnachtsfest.

164 a. a. O., 3376.

# 4.

I.

*Zu c) anderes Okkultes.*[165]

Was jenseits liegt von Kunst, Religion, Erfahrungswissen, Konvention, ist dem Zugriff der Justiz schutzlos preisgegeben. Wer dies gesicherte Terrain verläßt, dem helfen – anders als dem Künstler – nicht die Verfassung und – anders als dem Theologen – nicht wenigstens der Respekt des einen Akademikers vor dem Wirken des Kommilitonen von der Nachbar-Fakultät. Und die Arsenale der Justiz im Kampf gegen das Übersinnliche und Fremde sind wohlausgestattet.

II.

In einem Mordprozeß ohne Leiche[166] hilft § 244 III 2 StPO gegen den Antrag des Verteidigers: es möge, zum Beweis der Tatsache, daß das Opfer noch lebe, eine Hellseherin N. vernommen und, dieser Vernehmung vorgelagert, ein parapsychologisches Gutachten eingeholt werden zur Frage,

»daß Frau N. die Gabe der Telepathie und des Hellsehens besitze und insbesondere in der Lage sei, den Aufenthalt eines verschollenen Menschen oder im Falle seines Todes den Fundort seiner Leiche mitzuteilen«.

Abgelehnt wegen völliger Ungeeignetheit; im Strafverfahren gelte

»immer noch die Regel, daß die hier in Rede stehenden Kräfte nicht beweisbar sind, sondern lediglich dem Glauben oder Aberglauben, der Vorstellung oder dem Wahne angehören«.

Die klassische Formulierung zu diesen Dingen hatte schon das RG gefunden:[167]

---

165 Die Welträtsel Schmerzensgeld, Strafzumessung, Handelsvertreterausgleichsanspruch bleiben hier ausgeklammert.

166 BGH, NJW 1978, 1207.

167 RGSt 33, 321 (323).

»Wie tatsächlich, so sind sie auch rechtlich indifferent, sie fallen aus dem Kreise kausaler Veranstaltung ganz heraus.«

Das Landgericht Kassel ergänzt:

»Es ist nicht Aufgabe eines Skeptikers, jede absurde Behauptung zu widerlegen.«[168]

Und weiterhin hätte man können auf *Adorno* hinweisen:

»Seit den frühen Tagen des Spiritismus hat das Jenseits nichts Erheblicheres kundgetan als Grüße der verstorbenen Großmutter nebst der Prophezeihung, eine Reise stünde bevor.«[169]

## *III.*

Wenn das Jenseits etwas äußert, sind die Rechtsprobleme nicht inhaltlicher Art. Es geht in diesen Fällen stets um nichts als die Urheberschaft.

So etwa betreffend eine Bertha B.,[170]

»die über einen Zeitraum von mehreren Jahrzehnten mediale Vorträge hielt. Die Kundgebungen erfolgten in Tieftrance und sollen dem Medium durch die jenseitigen Geistwesen Joseph und Lena eingegeben bzw. von diesen durch Berta B. geäußert worden sein. Bertha B. hielt die Vorträge zunächst in privatem Kreis, später im Rahmen des Vereins ›Geistige Loge Zürich‹. Die dort gehaltenen Vorträge wurden durch Erwin F. (Beklagter), der bis 1984 Vereinsmitglied war, auf Tonbändern und Kassetten aufgezeichnet.«

Bertha B. stirbt, und der Sohn klagt auf Herausgabe der Tonbänder sowie Erstattung erzielter Gewinne, 50 000 Franken. Erwin F. wendet ein: Urheber der Texte ist das Jenseits. Vergeblich:

---

168 NJW 1985, 1642.

169 Minima Moralia, S. 325.

170 Schweizerisches BG, ZUM 1991, 236.

»Das dem schweizerischen Recht zugrundeliegende Rationalitätsprinzip rechnet das Geisteswerk demjenigen Rechtssubjekt als Schöpfer zu, welches die Form gewordene Vorstellung erstmals zum Ausdruck bringt und fragt nicht danach, ob die Vorstellung bewußt oder unbewußt gebildet wurde. Jenseitige Wesen aber sind keine Subjekte schweizerischen Rechts (Art. 11 ZGB) und können daher nicht gedankliche Vorstellungen rechtswirksam zum Ausdruck bringen.«[171]

Ähnlich in einem Fall der Chancery Division aus dem Jahr 1926,[172] worin das Medium im Trancezustand eine »Chronik des Kleophas« in Altenglisch hervorbringt – zwischen den Parteien unstreitig als Werkzeug des Geistes Kleophas, verstorben vor zweitausend Jahren. Der Richter äußert, für dies Wesen fehle ihm die Gerichtsbarkeit:

»...but inasmuch as I do not feel competent to make any declaration in his favour and as I have no jurisdiction extending to the sphere in which he moves I ought to confine myself, when inquiring who is the author, to individuals who were alive when the work first came into existence and to conditions which the Legislature in 1911 may reasonably be presumed to have contemplated«.[173]

## *IV.*

Allzweckmittel im deutschen Zivilverfahren ist zunächst der bewährte § 306 BGB. Nichtig nach dieser Vorschrift sind etwa 1) ein Vertrag, gerichtet auf »Lösung von Partnerschaftsproblemen« dergestalt, daß durch »magische Kräfte« ein Verflossener wiederbeschafft werde;[174]

---

171 a. a. O., 237.

172 *Cummins* v. *Bond,* 96 L. J. Ch. 81 = RabelsZ 1928, 251.

173 a. a. O., 82 f.: »I am not prepared to hold that the authorship and copyright rest in some one already domiciled on the other side of the inevitable river. (...) I can only look upon the matter as a terrestrial one, of the earth earthy, and I propose to deal with it on that footing.«

174 LG Kassel, NJW 1985, 1642.

2) ein Vertrag, gerichtet auf Stellen von Horoskopen »auf astrologischer Grundlage«, dergestalt, daß die Bezeichnung günstiger Termine für geschäftliche und private Transaktionen nach dem Stand der Sterne geschuldet ist;[175]

3) ein Vertrag, gerichtet auf Teufelsaustreibung im Gegenwert von fünftausend Mark, nachdem eine Kartenlegerin aus einem schwarzen Fleck im Eidotter[176] hergeleitet hatte, es handle sich hierbei um den Teufel, der nachts komme und nur dadurch beseitigt werden könne, daß man den schwarzen Eierfleck nebst den fünftausend Mark um Mitternacht begrabe;

4) ein Vertrag, gerichtet auf Übertragung des Urheberrechts an einem »keltischen Horoskop«,[177] Stichwort: »Bäume lügen nicht«,[178] nur deswegen nicht, weil der Käufer trotz der Leerübertragung, trotz Erwerbs eines Scheinrechts, eine wirtschaftliche Vorzugsstellung erworben habe.

---

175 OLG Düsseldorf, NJW 1953, 1553.

176 Fachbezeichnung: »Hahnentritt« bzw. »Spirifankerl«, vgl. LG Mannheim, NJW 1993, 1448.

177 BGHZ 115, 69 = NJW 1992, 232.

178 Beispiel: »Die Eiche – eine robuste Natur«; a. a. O., 234.

V.

Differenzierte Betrachtungsweise ist geboten, wenn neben dem bloßen Hokuspokus noch Gegenstände geschuldet werden, die dem Zauber dienen sollen: magische Werkzeuge. § 306 BGB allein erschöpft diese Sachlage nicht. Es ergibt sich vielmehr: Die Geräte sind mangelhaft, für den Hokuspokus ist voller Werklohn fällig:

»Der Kl. befaßt sich mit Fragen der ›Abschirmung‹ gegen Erdstrahlen. Am 17. 9. 1983 war er im Haus und Büro des Bekl. tätig. Er begehrte für Ausmuten (Auspendeln) und Abschirmen insgesamt 2460 DM, einen Fahrtkostenanteil von 500 DM sowie für die Lieferung eines Entladegeräts 600 DM jeweils nebst 14 %.«[179]

Hinsichtlich des Entladegeräts ist festgestellt: Der Herstellerpreis beträgt 30 DM. Es enthält »bekannte elektronische Bauteile und einen kleinen Gleichrichter« und wirkt

»technisch in der Weise, daß bei dem Reiben der Spitze auf der Haut unter Umständen das in das Ladegerät eingebaute Lämpchen aufleuchtet... Der Kl. hat dem Bekl. bei Übergabe des Geräts den Hinweis gegeben, der Bekl. und seine Familie sollten sich täglich durch Reiben mit der Spitze des Gerätes auf der Haut entstrahlen.«

Allerdings fehlt dem Gerät eine zugesicherte Eigenschaft, diejenige nämlich, daß es Entladungen oder Entstrahlungen herbeiführen kann:

»Die als – subjektive Meßergebnisse vorstellbaren – Entladungen setzen Aufladungen voraus ... Eine Entladung für sich kann nicht herbeigeführt werden, dies hat der Kl. aber dem Bekl. durch die tägliche Verwendung des Geräts zusichern wollen.«

Die 600 DM kann der Beklagte also nicht fordern, Honorar für den Hokuspokus indessen schon:

»Naturwissenschaftlich ist die Auffassung des Kl. zum Abschirmen gegen Erdstrahlen nicht abgesichert, sie läßt sich mit den Grundlagen der exakten

179 LG Braunschweig, NJW-RR 1986, 478.

Naturwissenschaft – wie der Physik – nicht vereinbaren und liegt außerhalb des Bereichs gesicherter physikalischer Erkenntnis. Am Tag des Vertragsschlusses hat der Bekl. aber das bekommen, was er sich von der Leistung des Klägers versprochen hat«;[180]

schuldet also für Ausmuten 6 DM/qm und für das Abschirmen je Spule 150 DM; dies allerdings einschließlich Mwst.:

»Soweit ein Markt mit Angebot und Nachfrage und anerkannten wirtschaftlichen Werten betroffen ist, mag eine Mehrwertsteuer auf die vereinbarte Vergütung anfallen. Bei dem derzeit[181] als atypisch zu erachtenden Vertrag zwischen den Parteien ist aber auch nicht über § 632 II BGB als ›üblich‹ die Mehrwertsteuer den vereinbarten Sätzen pro qm und pro Stück hinzuzurechnen.«[182]

## *VI.*

Außerhalb des § 306 BGB leisten auch §§ 1, 3 UWG gute Dienste. Hier besteht allerdings zunächst ein grundlegendes Dilemma.

Für Okkultes und Esoterisches ist ein Markt vorhanden – ein Wettbewerb im Sinn der Wirtschaftsverfassung. Wo ein Markt ist, muß man auch werben dürfen, nur: Wie soll dies bei Hokuspokus ohne Irreführung gehen?

Es geht ja auch nicht, wie das Kammergericht[183] in einer grundlegenden Entscheidung[184] herausgearbeitet hat.

---

180 a. a. O., 479 sub (3 c).

181 Was das Gericht für künftige Zeiten erwartet, läßt sich nur spekulieren.

182 a. a. O., 479 sub (4).

183 Eine Berliner Zeitung soll sich, wie berichtet wird, einmal verschrieben haben: Kummergericht. Daraufhin habe Prof. Bl. von der Freien Universität einen Leserbrief an das Blatt gesandt: man habe sich verschrieben, es stünde dort: Kummergericht, das sei falsch, es müsse heißen: Jammergericht.

184 WRP 1976, 372.

## *VII.*

Auf der einen Seite sehen wir den Antragsteller. Er hält feil: »Tierkreiszeichen und ähnliche Schmuckanhänger, wie Hufeisen, Schweinchen und Würfel«.[185]

Der Antragsgegner seinerseits vertreibt (durch Anzeigen in der Zeitschrift »Neue Post«) ein »Horoskop-Amulett« namens »Stein des Himmels«, eigener Herstellung, bestehend aus

> »einem Pappblättchen in Aluminium- und Schwarzaufdruck, auf dessen Vorderseite grün- und rotfarbige Turmalin-Bruchsteine kreuzartig angeordnet sind, ebenso wie auf der Rückseite. Die Pappscheibe mit den Turmalinen ist mit Kunstharz überzogen.«

Wahrer Wert: vier bis sechs Mark. Verkaufspreis: 148 Mark. Der Antragsgegner wirbt für dieses Produkt mit Danksagungen, etwa:

> »Ich kann Ihnen gar nicht sagen, wie frei und glücklich ich mich fühle, seit ich den Stein des Himmels trage, die Probleme lösen sich wie von selbst...!«

Unter dem Gesichtspunkt des § 3 UWG scheint dies dem Kammergericht bedenklich. Denn einerseits besteht die beworbene Kausalität zwischen Glück und Talisman im Bereich des Landes Berlin definitiv nicht, andererseits läßt sich aber der Leser der Neuen Post womöglich durch die Werbung bestimmen, an solche Kausalität zu glauben – denn:[186]

> »Äußerungen Dritter wirken in der Werbung objektiv und werden daher ernstgenommen.«

## *VIII.*

Es hängt nun alles davon ab, ob dieser Ansatz zutrifft. Wer nimmt dergleichen ernst? Wer läßt sich täuschen?

---

185 a. a. O., 373 r. Sp. unten.

186 a. a. O., 374 l. Sp.

Der Antragsgegner sagt: bloß die Doofen,[187] und da schadet es nichts; das Kammergericht aber erwidert: auch (»sogar«) die ganz Schlauen, etwa der Nobelpreisträger *Nils Bohr,*[188] und überdies die Mühseligen und Beladenen; Personen, die

> »vornehmlich in dem Bereich naiver, gutgläubiger, alter und einsamer sowie kranker und hoffnungsloser Menschen zu suchen sind«,

und diese erwarten womöglich durch den Kauf des Pappblättchens, irrig, »konkrete Verbesserungen ihrer derzeitigen Lebenssituation«.

## *IX.*

Nun zückt der Antragsgegner mit den Pappblättchen seinen letzten Trumpf, das Grundgesetz. Schön, sagt er, wenn man an den Zauber glauben müsse, damit er wirke, dann handle es sich bei der Pappe eben um »für die Ausübung von Glaubenstätigkeit benötigtes Inventar«. Und hier, erst hier, wird die Argumentation des Kammergerichts brüchig:

> »Aber selbst wenn hier ein Vergleich mit sogenannten Devotionalien (Gegenstände der Volksfrömmigkeit zur äußeren Anregung der Andacht, etwa Rosenkränze, Heiligenbildchen und ähnliches) gezogen wird, wie es der Antragsgegner offenbar will, läßt er außer acht, daß es hier ausschließlich um die Zulassung einer bestimmten Werbung geht, nicht aber um die Zulässigkeit von Werbung für solche Artikel schlechthin.«

Ein bekannter Satz lautet: »*Sita usui lateinis abacens.*«[189]

---

187 »Kundenkreise, die von vornherein zum Aberglauben bereit und darauf ansprechbar seien«, a. a. O., 375.

188 »...der ein Hufeisen über der Tür angebracht hat, wie ein Besucher aus der Schweiz habe feststellen können. Auf die erstaunte Frage des Besuchers, ob er an den Humbug glaube, habe Bohr erwidert: ›Nein, natürlich nicht. Aber ich habe mir sagen lassen, es soll auch Glück bringen, wenn man nicht daran glaubt.‹« KG, a. a. O., 375.

189 *Sieht aus wie Latein, is aba keens;* Berliner Volksmund.

Ähnlich mit obigem Gedanken des Kammergerichts: Sieht aus wie ein Argument, ist aber keins. Es wäre an dieser Stelle zu begründen gewesen, was ein Turmalinkreuz auf Pappe von einem Rosenkranz, von einem Heiligenbildchen unterscheidet – und das fällt im Pluralismus nicht mehr leicht.

## X.

In diesem Bereich liegt auch das Recht des Kaffee- und Butterfahrers. Die Beklagten solcher Prozesse werben nicht nur mit Landschaftsdenkmalen:

»Busfahrt durch das Ebbegebirge an den Biggesee mit Aufenthalt auf der bekannten Listermauer«,[190]

sondern auch mit Nahrungsmitteln:

a) »Zur Begrüßung erhält jeder Besucher eine Tasse Kaffee und ein Stück Kuchen«;
b) »Jeder Besucher erhält in einer gutbürgerlichen Gaststätte ein Mittagessen nach Art des Hauses«,

schließlich mit Andenken und persönlicher Zuwendung:

»Zum Andenken an diesen schönen Tag erhält jeder Besucher eine schöne Schwanvase (lt. Abbildung, Wert 3,– DM) persönlich überreicht«,

und zuallerletzt, dem Gegenwert des Obigen von DM 19,50 nicht mehr meßbar korrespondierend:

»Teilnahmemöglichkeit an einer interessanten Werbeverkaufsveranstaltung für neuzeitliche Küchengeräte der Firma Reba Elektro-Haushaltsgeräte, Filderstadt 1, Falkenweg 2.«

Dies alles ergibt, was Rentner einen schönen Nachmittag nennen könnten, haftete der Veranstaltung nicht der Makel der Sittenwidrigkeit an. Denn auf der Werbeveranstaltung tritt ein Herr Sch. auf, der, eine Küchenmaschine anpreisend, nach Beobachtungen der Verbandsspitzel und den Feststellungen des Oberlandesgerichts äußert:

---

190 OLG Stuttgart, WRP 1980, 445.

»Durch die Säfte, die Sie mit dieser Maschine machen, bringen Sie Thrombosen, Krampfadern, Verkalkungen der Venen usw. weg«[191]

und das Blut würde gereinigt und die Adern würden entschlackt.[192]
Genauso unzulässig ist, wenn Butterfahrern weisgemacht wird (bildlich bekräftigt mit Photographien des Zuschnitts »Vorher – 30 Tage später«), Fett im Volumen von 15 Kilo schmelze[193] »buchstäblich weg«, eine »Isolde Weber« beweise es.[194]

## XI.

Oder wenn »wunderbares Wasser aus Lourdes«[195] sowie ein »wunderbares Maya-Kreuz«[196] feilgehalten werden – ersteres sittenwidrigerweise außerhalb Lourdes, denn das Wunder wirkt nur dort; letzteres sittenwidrigerweise eine Kausalität zwischen nicht erweislichen Strahlungen einerseits, dem Glück andererseits suggerierend.[197]

---

191 a. a. O., 446 l. Sp.

192 a. a. O., 447 l. Sp.

193 Vgl. auch die »ungeheure Fettabschmelzkraft« der »Schlank-Pille M-E-D 300« in BGHSt 34, 199 (200).

194 KG, NJW-RR 1987, 624.

195 Es hilft gegen die Volkskrankheiten »Pech, Gewissensbisse, Schwäche, Gedächtnisschwäche, Antriebsarmut, Mattigkeit, Schmerzen, Niedergeschlagenheit, Traurigkeit, Panik, Schlaflosigkeit, Pessimismus, Melancholie, Schüchternheit, Frigidität…«; vgl. OLG Frankfurt, WRP 1981, 467.

196 Diesem wiederum eignet »bioaktive Strahlung« und »positive Ladung«, und es bringt »Glück auf allen Gebieten (Liebe, Lotto, Beruf)«.

197 OLG Frankfurt, a. a. O., 469.

## XII.

Oder: Talmi in Kleeblattform wird mit der Behauptung angepriesen:[198]

»Wie dieser herrliche Schmuck-Talisman schon Millionen von Mark gewinnen ließ (und immer noch gewinnen läßt)!«,

sowie einer Überschrift:

»Nachdem ich mein Kleeblatt erhalten habe, habe ich 15 555 DM im Spiel gewonnen.«

Dies hält die Justiz ebenfalls für irreführend, ungeachtet der Tatsache, daß sich im laufenden Text der Anzeige die Frage findet:

»Gibt es eine Erklärung für diese Gewinne?«,

doch erläuternde Hinweise der Broschüre auf »Formwellen« und »Ausstrahlungen« beseitigen die Irreführung letztlich nicht. Dies ist gegen Glücklose und Verzweifelte, die außer ihrem Glauben und Vorfahrt bei rechts vor links nichts besitzen, sehr schofel gedacht. Mundus vult decipi, und andere Gerichte hatten keinerlei Bedenken, Krankenversicherungen zu verurteilen zur Bezahlung von Arznei, die Wirkstoffe unterhalb der Nachweisgrenze enthielt.

## XIII.

Auch § 627 BGB läßt sich nutzbar machen.

Wendet sich ein Verzweifelter an ein Haarbehandlungszentrum und verspricht zweitausendzweihundert Mark für 26 Behandlungen

»(Ermittlung der Haarausfallursache durch Analyse der Haarwurzeln, biologische Behandlung der Kopfhaut und der Haarwurzeln, Remineralisierung und Elektrotherapie)«,[199]

---

198 KG, NJW 1987, 624.

199 AG Dortmund, NJW-RR 1991, 506.

kündigt indessen den Vertrag vor der ersten Sitzung, so stellt sich dem Richter das Problem, ob dennoch bezahlt werden muß. Fraglich ist zunächst der Vertragstyp,

»wobei das Gericht zu der Auffassung tendiert, daß es sich um einen Dienstvertrag handelt.«

Und zwar, wodurch die Tür zu § 627 BGB geöffnet wird, um Dienste höherer Art, denn besonderes Vertrauen ist erforderlich, da

»gerade der Haarausfall ein Thema ist, das die persönliche Eitelkeit berührt und Maßnahmen hiergegen oft von Dritten belächelt werden. Gerade auch dies hat oft zur Folge, daß diese Maßnahmen Dritten gegenüber verschwiegen werden, was wiederum eine besondere Diskretionspflicht des beauftragten Unternehmens erfordert. Schließlich ergibt sich ein besonderes Vertrauen der Kunden gegenüber den anbietenden Unternehmen auch daraus, daß die Effizienz der von der Kl. und ähnlichen Unternehmen angebotenen Maßnahmen in der medizinischen Diskussion durchaus bestritten sind, so daß die Beauftragung des Unternehmens beim Kunden auch ein Vertrauen in einen möglichen Erfolg der Maßnahme voraussetzt.«

Mit diesem Urteil können, ein seltener Fall, beide Parteien leben. Der Friseur ist zur Vertrauensperson geadelt, seine Dienste gelten als höhere, stehen der Tätigkeit von Arzt, Steuerberater, Rechtsanwalt und Wirtschaftsprüfer gleich,[200] und er kann das Urteil neben seinen Meisterbrief in die Stube hängen. Der Kunde kündigt[201] und muß nichts bezahlen.

---

200 Die Aufzählung ist entnommen *Palandt/Putzo*, § 627, Rdnr. 2.

201 Man sollte eine sprachwissenschaftliche Untersuchung veranstalten, ob sich das Wort Kunde von kündigen herleitet.

## XIV.

Der BGH bemüht im Kampf gegen das Okkulte vollständig entlegene Vorschriften. Dies ist plausibel, denn Richter der Obergerichte haben (oder nehmen sich) als einzige die Zeit, im Gesetz auch einmal zu stöbern, Nebenstrafrecht gleich seltenen Kräutlein am Wegesrand zu sammeln.[202]

»Der Angeklagte behandelte von 1948 oder 1949 bis Anfang 1954 mehrere Personen wegen verschiedener Krankheiten mit abergläubischen Mitteln. Er untersuchte zum Beispiel die Bettfedern und erklärte, daraus könne er die Krankheiten erkennen. Er ließ die Zimmer mit bestimmten Räucherpulvern kreuzweise ausräuchern und Wachstafeln mit frommen Sprüchen um die Häuser herum eingraben. Er veranlaßte die Kranken, in ihren Taschen oder auf dem Körper Zettel zu tragen, die er mit Inschriften versehen hatte. In einigen Fällen ließ er eine aufgeklappte Schere und zwei Brennesseln an das Fußende des Bettes legen«,

dies alles für »kleinere Geldbeträge oder geringe Mengen Lebensmittel«.

Nach Ansicht des BGH übt jener erlaubnislos die Heilkunde aus, macht sich also strafbar nach dem Heilpraktiker-Gesetz, und das verzweifelte Argument der Verteidigung, dergleichen Zauberei könne nach diesem Gesetz ja nimmermehr genehmigt werden, sei also erlaubnisfrei, begegnet der BGH:

»Das Gesetz erfaßt nicht nur Heilbehandlungen, für die nach ihrer Art nach eine behördliche Erlaubnis erteilt werden kann, sondern auch und gerade solche, für die das nicht zutrifft«,[203]

und damit hat er ja völlig recht, denn bekanntlich unterfällt ja auch (»und gerade«) das Fahren von Kettenkarussell ohne Fahrerlaubnis dem § 21 StVG.

---

202 BGHSt 8, 237.

203 BGHSt 8, 237 (239).

## XV.

Nun gibt es aber Ausnahmefälle, in denen macht sich die Justiz das Okkulte nutzbar. Und wie § 242 BGB das »Einfallstor«[204] ist für neues Rechtsdenken in alte Gesetze, so ist § 23 I VVG Einfallstor für das Unerklärliche in die Rechtsordnung überhaupt. Das Stichwort lautet: »Brandrede«.

Es ereigne sich ein Schadenfeuer. Der Beitrag des Versicherten zum Schadenfeuer sei nicht nachweisbar; man weiß nur, daß er zuvor den Wunsch geäußert hat, es *möge* sich ereignen. Im Strafrecht wird ein derartiger Fall als Beispiel fehlender Kausalität behandelt, fällt also nach dem obigen Verdikt des Reichsgerichts »aus dem Kreise kausaler Veranstaltungen ganz heraus«.

Nicht so im Recht der Versicherungen.[205] Hier führt die Brandrede zur Gefahrerhöhung, und die Versicherung muß nichts bezahlen. Kraft und Macht des gesprochenen Worts werden bei den Versicherungen also sehr heftig respektiert – es sei denn, es handle sich um Agenten der Versicherung. An deren gesprochenes Wort halten sich die Gesellschaften möglichst überhaupt nicht gebunden. Es bietet sich an, sämtliche Äußerungen des Agenten bei Antragstellung unter den Begriff »Versicherungsrede« zu fassen, – die ebenfalls aus dem Kreise kausaler Veranstaltungen ganz herausfällt.

## XVI.

Zeitweise konfrontierte man die Justiz mit Wollüstig-Satanischem, mit einer Nachtseite menschlichen Daseins, und hier wurde sie unsicher. Es ging um die Fälle, in denen experimentierfreudige Männer den Versuch nicht überlebten, sich einen strangulationsgestützten Orgasmus zu verschaffen. Die Erben

---

204 *Rüthers*, AT, Rdnr. 384.

205 LG Bonn, NJW-RR 1987, 867; auch OLG Celle, VersR 1961, 364.

traten dann jeweils an die Versicherung heran und begehrten Leistungen mit der Behauptung: es hätte sich ein Unfall im Sinn der AUB ereignet, das Plötzliche und Unerwartete.
Hier offenbarten sich regionale Unterschiede:

1) norddeutsch-liberal:[206] das Ereignis ist plötzlich im Sinne von § 2 AUB, die Versicherung muß bezahlen;

2) badisch-neutral:[207] das Ereignis ist nicht plötzlich, bezahlt wird nichts. (Man merkt noch den Einfluß des Code civil: Die Sorgfalt eines *bon père de famille* hat der Betreffende gewiß nicht gewahrt);

3) schwäbisch-puritanisch, gleichzeitig, zum Frommen aller, auf niedere Prämien bedacht:[208] Die Allgemeinheit sehe dergleichen als »abartig« an, und »es kann nicht Zweck der Unfallversicherung sein, für Folgen aufzukommen, die sich aus der bewußten Übernahme sozial inadäquater Risiken ergeben«.[209]

---

206 LG Hamburg, NJW-RR 1986, 910: Auch Fallschirmspringen und Fahrradfahren seien gefährlich.

207 LG Heidelberg, NJW-RR 1987, 610: Der Geschädigte hat die Gewalteinwirkung positiv vorhergesehen.

208 OLG Stuttgart, VersR 1977, 1026.

209 a. a. O., 1027.

# 5.

## I.

*Zu d) unlauterer Wettbewerb.*

Das Vorige behandelte Kunst, Religion, Jenseitiges: reine Überbauerscheinungen. Uns war einmal versprochen, diese Dinge verschwänden mit Erreichen der Stufe des Kommunismus, was zwischenzeitlich bedeutet, daß sie uns dauerhaft erhalten bleiben.

Damit bleibt uns auch, wie jede anständige Dialektik lehrt, ihr Gegenpol, der die Justiz ebenfalls in hohem Maße beschäftigt, nämlich die Basis, Arbeiter und Bauern, die Schulter an Schulter mit der werktätigen Intelligenz[210] – nicht zur Erfüllung der Beschlüsse des soundsovielten Parteitags, sondern – ausschließlich zur Erfüllung der partikulären Interessen, nunmehr ausschließlich zur Beförderung des privaten Glücks[211] voranschreiten.

## II.

Was die abhängig Werktätigen in Stadt und Land betrifft, sind die Arbeitsgerichte zuständig, und für deren Verhältnis zur Justiz gilt die kolportierte Kommentierung eines Berliner Senators zu den §§ 12, 13 GVG, es gebe ordentliche Gerichte und Arbeitsgerichte. Die Richtigkeit dieser Distinktion soll hier nicht interessieren, mag zutreffen oder nicht, sie ist jedenfalls ergänzungsbedürftig. Denn im Bereich der Basis, im Bereich der Produktionsmittel und des Vertriebs ihrer Erzeugnisse, herrscht so etwas wie Krieg. Die Wortwahl gibt Indizien. Man spricht von Werbefeldzug, Preiskampf, Produktpiraterie. Für

---

210 *Sc.* dem Management und den Werbeagenturen.

211 In Amerika hat dieser Gesichtspunkt Verfassungsrang. Er besagt in Gestalt der *pursuit of happiness,* daß jedermann seinen Arbeitsplatz jederzeit gegen einen besser bezahlten wechseln darf.

die Bearbeitung dieses Kriegszustands stellt die ordentliche Gerichtsbarkeit daher Kammern für Handelskriegssachen zur Verfügung, besetzt – vgl. § 109 I Nr. 3 GVG – mit Richtern, deren Kombattantenstatus sich aus dem Handelsregister ergeben muß.

## *III.*

Bemerkenswerterweise ist der rechtliche Schlüsselbegriff zu diesem Bereich derjenige der guten Sitten, wie ihn §§ 826 BGB, 1, 3 UWG verwenden – die Vorschriften, die den Kern des Handelskriegsrechts ausmachen.

Bemerkenswert deshalb, weil die Ausgangslage ja gekennzeichnet ist durch das gänzlich sittenferne Streben von Kaufleuten nach fremder Menschen Geld, also durch Habgier im Sinne der Definition des Reichsgerichts,[212] und dies bewerkstelligt durch möglichst raffiniertes Ausstechen der Konkurrenz. Wer in der Werbung nicht an die Grenzen geht, so heißt es, verschenkt werblichen Spielraum.[213]

Diese unsittliche Ausgangslage wird geduldet, soweit die guten Sitten befolgt werden. Aber wie soll das gehen? Wie soll man sich gutes Benehmen im Krieg um Geschäfte vorstellen?

Man möchte sprechen: Es gibt kein sittliches Leben im unsittlichen.

## *IV.*

Was auch immer der Begriff *wirklich* besagen will, er hat zwei Aspekte: einen formellen und einen materiellen. Der formelle:

---

212 Steigerung des Erwerbstriebs auf ein sittlich anstößiges Maß; RGSt 60, 306 (307).

213 Zitiert nach *Borck*, Rdnr. 114.

Wer stellt die guten Sitten fest? Der materielle: Nach welchen Gesichtspunkten? Mit welchem Inhalt?

## *V.*

Wenn Kinder spielen, darf öfters eins der Kinder der Bestimmer sein. Ähnlich bei den Erwachsenen. Der Bestimmer für die guten Sitten nach §§ 826 BGB, 1, 3 UWG ist bei uns der BGH, war früher das RG. Der formelle Aspekt dieses formellen Aspekts ergibt sich aus dem Instanzenzug nach ZPO und GVG, und eben dies Förmliche hat ein stilistisches Problem. Man kann den Bestimmer taktvoll spielen oder taktlos. Die Grenze der Höflichkeit ist dort, wo es um Sittlichkeitsurteile geht, nun schnell überschritten, ein Fauxpas leicht begangen, und der Ton der Getroffenen wird dann bisweilen gereizt. Beispielhalber im Falle BGHSt 13, 16.

## *VI.*

Ob es sittlich und anständig ist, Kondome aus Automaten zu verkaufen, die an der Straße hängen, darüber hat man 1959 gewiß streiten können. Der BGH formuliert zunächst die sittliche Grundlage:

»Nach der danach hier gültigen Anschauung ist von der Geschlechtsbegegnung der Menschen, weil sie stets mit schamvoller körperlicher Entblößung und Berührung verbunden ist, jeder fremde Sinn und sind von dem, was zu ihr hinführt, wenigstens die Augen Unberufener ferngehalten.«[214]

Demnach auch vom öffentlichen Automat:

»Eindeutig geschlechtsbezogene Dinge verlieren dadurch das Schamhafte und Peinliche, das ihnen besonders dann anhaftet, wenn sie (wie hier und häufig) zu nicht naturgemäßem Geschlechtsverkehr bestimmt sind. Sie erhalten so ... den Anschein des Unverfänglichen und Selbstverständlichen. Das

214 BGHSt 13, 16 (18).

muß namentlich bei Kindern und Jugendlichen alle Begriffe von Sitte und Anstand hoffnungslos verwirren und das Schamgefühl zuletzt zerstören.«[215]

Ergebnis: Der Sachverhalt errege Ärgernis »bei allen anständigen und gesitteten Menschen«.

## *VII.*

Das Landgericht indessen hatte freigesprochen; die Verwaltungsgerichtsbarkeit den Automaten bis hin zum BVerwG für erlaubt gehalten. Die Bestimmer dieser Verfahren hatten Ärgernis also nicht empfunden. In einer wenig später ergangenen Entscheidung weist das Bundesverwaltungsgericht den Vorwurf, mit Unanständigen und Unsittlichen besetzt zu sein, zurück:[216]

»Das Vorliegen zahlreicher von dem Urteil des BGH abweichender straf- und verwaltungsgerichtlicher Entscheidungen sollte es nicht zulassen, davon zu sprechen, daß der Schutzmittelverkauf mit Außenautomaten bei ›allen‹ anständigen und gesitteten Menschen Anstoß erregen ›müsse‹ und so allen Berufs- und Laienrichtern, die zuvor anders entschieden haben, Sitte und Anstand abzusprechen.«

## *VIII.*

Der BGH hatte zuvor schon einmal danebengegriffen, mit ähnlichem Effekt.[217] Zu entscheiden war, ob die Schlägermensur[218] gegen die guten Sitten verstoße im Sinne des § 226 a StGB. Der 5. Senat sagt: nein, denn es müßten alle billig und gerecht

---

215 a. a. O., 19.

216 BVerwGE 10, 164 (168).

217 BGHSt 4, 24.

218 Hinsichtlich der beteiligten Studenten ist festgestellt: »Die studierende Jugend erhebt nach ihrer Berufswahl den Anspruch, später die geistige Führung der Nation zu übernehmen«; BGHSt 4, 24 (31).

Denkenden die Mensur für strafwürdig halten, und dies sei nicht der Fall:

»Auch unter ihren Gegnern befinden sich angesehene Persönlichkeiten, die sie aus den verschiedensten Gründen nicht mit krimineller Strafe bedroht sehen wollen.«[219]

Einstimmigkeit aller billig und gerecht Denkenden zu verlangen ist selbstverständlich äußerster Humbug, und entsprechend fiel die Resonanz auf das Urteil aus. Etwa von *Eb. Schmidt:*[220]

»§ 226 a StGB verlangt vom Gericht nicht tatsächliche Feststellungen von Hinz und Kunz und anderen angesehenen Persönlichkeiten, sondern die Erarbeitung eines selbständigen richterlichen Werturteils, nach dem sich die ›angesehenen Persönlichkeiten‹ gefälligst zu richten haben.«

Womit wir beim inhaltlichen Aspekt des Sittenbegriffs angekommen wären.

## *IX.*

Eine Definition war schnell gefunden, nämlich unmittelbar nach Inkrafttreten des BGB durch das RG in der Brisbane-Entscheidung.[221]

Maßstab für die Sittenwidrigkeit ist der Verstoß gegen das »Anstandsgefühl aller billig und gerecht Denkenden«, und, konkret bezogen auf den Handelskrieg, des »ehrbaren Kaufmanns im Handelsverkehr«;[222] heute, moderner, des »Durch-

219 a. a. O., 32.

220 JZ 1954, 369 (374).

221 RGZ 48, 114 (124 f.); zu § 826 BGB.

222 a. a. O., 125.

schnittsgewerbetreibenden«[223] (was früher ehrbar war, ist heute Durchschnitt).
Die Erarbeitung eines selbständigen richterlichen Werturteils im oben zitierten Sinne von *Eb. Schmidt* fällt dem Juristen, soweit das Gewerbetreiben betroffen ist, naturgemäß nicht leicht. Hier treffen Welten aufeinander. Einem Juristen unternehmerische Entscheidungen anzuvertrauen, bedeutet über kurz oder lang, zumeist über kurz, das Ende des Unternehmens; bevor der Jurist »Wurst« zu sagen sich getraut hat, hätte der Unternehmer sie schon verkauft. Zwar halten sich die Unternehmen Rechtsabteilungen, aber deren Zweck besteht einzig darin, im Prozeßfall auszusuchen, welche Anwaltskanzlei man mit der Bearbeitung betraut.[224]

Gleichwohl.

Entschieden muß sein, und nun erhebt sich das zweite grundsätzliche Dilemma. Es geht um Anstand und Sitte im Geschäftsleben, welches dem Juristen ein fremdes ist, und bei dieser Ausgangslage gilt *Baumbachs* Sentenz, über den Inhalt der guten Sitten entscheide letztlich

> »das Anstandsgefühl älterer Richter in hoher Stellung, die das praktische Geschäftsleben ganz überwiegend nie kennengelernt haben«.[225]

Oder, wie *Nordemann* sagt,

> »... daß gegen die guten Sitten verstößt, was dem Anstandsgefühl des zuständigen BGH-Senats zuwiderläuft.«[226]

---

223 BGHZ 15, 356 (364); BGH, GRUR 1960, 558 (561).

224 Bzw., im Fall des Außenwirtschaftsstrafrechts, ins Gefängnis zu gehen, wenn statt landwirtschaftlicher Geräte Selbstfahrlafetten in den Irak geliefert wurden.

225 Wettbewerbsrecht, 1. Aufl. 1929, S. 175.

226 Wettbewerbsrecht, Rdnr. 41.

Einen weiteren Gesichtspunkt des Dilemmas bringt *Wiedemann* ins Spiel:

»Der Kaufmann ist befangen, der Laie nicht kompetent.«[227]

Theoretisch ist das ein Teufelskreis; eine pragmatische Paradoxie. Und wie in dieser theoretischen Situation jede Lösung theoretisch gleichermaßen richtig und falsch ist, ex falso quodlibet, so stellt sich die Justiz der Aufgabe, diese Knoten zu zerhauen, folgerichtig nicht mit Theorie und Logik, sondern mit Entschlossenheit und Wagemut einerseits, Zaudern und Verzagtheit andererseits. Der Zustand unserer Wettbewerbsverfassung, ihre Übersichtlichkeit und die Präzision ihrer Grundsätze geben hiervon Kunde.[228]

## X.

Das fängt bei der Wortwahl an. Wer Sittenwidrigkeit feststellen soll, also einen Moralverstoß, wird um deutliche Kennzeichnungen nicht herumkommen. Dies war zu Zeiten, als der Bereich der Wettbewerbshandlungen noch von § 826 BGB aus gelöst wurde, also subjektive Komponenten zu berücksichtigen waren, noch diffiziler als heute; und das RG scheute nicht, in Einzelfällen festzustellen

»eine die Anwendung des § 826 BGB rechtfertigende Niedrigkeit und Gemeinheit der Gesinnung, die über ein bloß unanständiges Verhalten hinausgeht«.[229]

(Wie auch der BGH gelegentlich urteilte, der Angeklagte sei

---

227 ZGR 1980, 147 (168). Ähnlich die Formulierung von *Sack,* NJW 1985, 761/2: »Denn nicht jeder billig und gerecht Denkende versteht auch etwas vom Wettbewerbsleben.«

228 *Baumbach* hat schon in DJZ 1931, 61 festgehalten, daß »die Sittlichkeitshysterie Orgien feiere«.

229 RGZ 58, 219 (222).

ein »affektflacher Haltloser von zweifelhaftem sozialen Wert«[230] oder von einem anderen, dieser sei ein »primitiver Psychopath«[231]).

Aber auch bestimmte Wortfügungen, ganze Sätze sind in diesem Bereich signifikant, etwa dieser:

»Die Mitglieder des Senats gehören den angesprochenen Verkehrskreisen an.«

Wo sich dieser Satz findet, wird es regelmäßig gemütlich.

## *XI.*

Erstes Beispiel.[232]

Es bewirbt jemand »Milchfetterzeugnisse« gegenüber Bäckern und Konditoren mit der Anpreisung: »Für feine Buttergebäkke«. Inhalt der Erzeugnisse: »Bis zu 50 % fraktioniertes Butterfett«; der Rest Butterreinfett, vulgo Butterschmalz.

Er wirbt damit irreführend. Denn Zutaten seines Stoffes sind nicht die gute Butter, die ein jeder, aus seiner Kinderzeit, in Gebäck erwarten darf, gestützt auf

»Kenntnisse und Erfahrungen, die fast jeder aus seiner heimischen Welt mitbringt, wo er gesehen haben wird, wie gebacken wird und daß dabei Butter verwendet wird«.[233]

Der Betreffende wendet ein: Es sei nach den Lebensmittelrichtlinien ja aber nun doch erlaubt, Gebäck mit diesen Zutaten als Buttergebäck zu bewerben, und überdies kenne ohnehin kein

230 BGHSt 10, 57 (58).

231 BGHSt 11, 139.

232 OLG Hamburg, NJW-RR 1990, 236.

233 a. a. O., 237.

Endverbraucher den Unterschied zwischen Butter und Butterreinfett und dergleichen. Es hilft ihm nichts:

> »Daß diese Begriffe bei Lebensmitteln gelegentlich in der Zutatenliste … auftauchen, kann bei realistischer Betrachtung keine durchschlagende Resonanz haben, und von größeren Aufklärungs- und Propagandaaktionen zugunsten etwa von Butterreinfett gegenüber dem Endverbraucher hat die Bekl. ebenfalls nichts berichtet.«[234]

Nun folgt das Hohe Lied über Butter als denjenigen Bestandteil des Gebäcks,

> »den ein großer Nimbus umgibt und der bezeichnenderweise gern mit dem fast sprichwörtlichen Begriff der guten Butter beschrieben wird«,

einen Bestandteil,

> »über dessen Art und Verwendungsweise praktisch jedermann eine handfeste, anschauliche Vorstellung hat und der vor allem als solcher einen hohen Stellenwert hat.«[235]

Die Andeutung genügt, und man sieht die Mitglieder des Senats in der Vorweihnachtszeit Teigschüsseln auslecken. Wo sich der obige Satz nicht findet, wird es kompliziert.

## *XII.*

Zweites Beispiel.[236]
Die Beklagte bewirbt einen Klaren mit der Bezeichnung »Linie-Aquavit« und der Behauptung, dieser Klare habe eine »Äquator-Reife« erfahren; nämlich, in Sherry-Fässern und monatelanger Schiffahrt, zweimal den Äquator passiert.[237] Die

---

234 ebd.

235 ebd.

236 BGH, NJW-RR 1991, 1512.

237 Der Unterlassungsantrag bezog sich auf den Text: »in ausgesuchten alten Sherry-Fässern schlummert LINIE-Aquavit dem aufregenden Moment entgegen…«; a. a. O., 1513.

Klägerin, einer der entsetzlichen Verbände, hält dies für irreführend, denn, so sagt sie, was da herumgefahren werde, sei gar nicht der Klare, wie man ihn auf Flaschen ziehe, sondern ein Konzentrat von 60 bis 70% Alkohol, das, wieder an Land, mit destilliertem Wasser auf 41,5% desselben herunterverdünnt werde, wohingegen der Verkehr davon ausgehe, das trinkfertige Produkt kreuze umher.[238]

Man erwartet nun, daß der obige Standardsatz in Kraft tritt, das Gericht also entschlossen äußert: »Die Mitglieder des Senats gehören den angesprochenen schnapstrinkenden Verkehrskreisen an, und in welchem Zustand ein Aquavit zur See fährt, ist dem Verkehr völlig wurscht, Hauptsache, er ist schön gelb und kommt in einem eiskalten Glas auf den Tisch.«
Diese Erwartung wird enttäuscht. Denn nun kommt die große Spezialität des Handelskriegsrechts, die Umfrage.[239] Vorliegend ist mancherlei gefragt worden, zum Beispiel:

»Würden Sie bei einem Kauf Wert darauf legen, daß es sich bei ›LINIE-Aquavit‹ um eine Spirituose handelt, die als trinkfertiges Produkt … mit dem Schiff in Fässern über den Äquator und zurück transportiert wird oder wäre Ihnen dies gleichgültig oder können Sie das momentan nicht sagen?«,

und es wurde auch mancherlei geantwortet:

»Das BerGer. stützt sich bei dieser Beurteilung[240] auch auf die Antworten zu den gezielteren Fragen 3 und 4 (›Was wird mit dem Schiff wohin transportiert‹), wonach nur 0,8% (Frage 3) und 1,4% (Frage 4) die Antwort ›die Flaschen werden mit dem Schiff transportiert‹[241] und nur 2,4 die Antwort, ›das Getränk werde transportiert‹, gegeben hätten«,

---

238 ebd.

239 In den Tatsacheninstanzen ein probates Mittel, die Leute zum Vergleich zu treiben, denn die Vorschußforderungen gehen immer in die Zehntausende.

240 *Sc.* daß all dies den Leuten vollständig egal ist.

241 In Sherry-Fässer verpackt, wie sich der Verkehr das offenbar vorstellt.

doch muß der Zweifel erlaubt sein: ob man dies Ergebnis nicht von den Mitgliedern des Senats (als Angehörigen der angesprochenen Verkehrskreise) wesentlich billiger hätte haben können – und mit viel übersichtlicheren Prozentquoten.
(In diesem Zusammenhang sei noch hingewiesen auf den Versuch eines Würzburger Apothekers,[242] in seiner Apotheke Wein in Bocksbeuteln feilzuhalten, gestützt auf folgende Erwägung:

»Die Berechtigung zum Weinverkauf leitet er ab aus § 25 Nr. 5 ApothBetrO i. V. mit der Redewendung ›Frankenwein ist Krankenwein‹.«

Irrig, denn der Bocksbeutel erfüllt nicht die DiätVO:

»Diätetische Lebensmittel sind solche, die dazu bestimmt sind, einem besonderen Ernährungszweck zu dienen. Eine derartige Zweckbestimmung wird dem fraglichen Wein weder von den Herstellern noch von der Verkehrsanschauung beigelegt.«[243]

Ende des apothekenrechtlichen Exkurses.)

*XIII.*

Der Eindruck, daß man es hier mit dem Ausnahmezustand zu tun hat, mit Kriegsrecht, wo keine hergebrachten Regeln gelten, verstärkt sich, gewahrt man den Umgang dieses Rechtszweigs mit den Ärmsten der Armen – den Behinderten.
Sie genießen üblicherweise besonderen Schutz; zu ihren Gunsten waltet in den Betrieben, ehrenamtlich-unentgeltlich,[244] ein Vertrauensmann bzw. ein »Gesamt-, Haupt- und Bezirksvertrauensmann;[245] sie werden bei gleicher Eignung bevorzugt eingestellt; wer sie kündigen will, braucht die Zustimmung

242 VGH München, NJW 1992, 931.

243 a. a. O., 932.

244 § 23 I SchwbG.

245 § 24 SchwbG.

einer »Hauptfürsorgestelle«[246] – von der man meist nicht weiß, wo sie sitzt und wer überhaupt ihre Funktionen wahrnimmt – gleichviel: das Recht bemüht sich um sie in besonderem Maße und fordert hierzu von allen Beteiligten »enge Zusammenarbeit«.[247]

## *XIV.*

Dieser Schutz wird gegenstandslos, fällt sofort forthin fort, wenn Gesichtspunkte des Gewerbetreibens in Betracht kommen. Die Sittlichkeit des ehrbaren Kaufmanns aus der Brisbane-Entscheidung wendet sich an dieser Stelle ins Negative. So stellt es einen Akt der Sittenwidrigkeit dar, Menschen zum Verkauf von Zeitschriften einzusetzen, »die sich nur durch Vorzeigen einer Schrifttafel verständlich machen können«,[248] und zwar, weil solche Art der Werbung als gefühlsbetonte unzulässig ist.

Dies wird die Gefühle des Behinderten in hohem Maß beglükken.

## *XV.*

(In einem ähnlich gelagerten Fall findet sich ein instruktives Beispiel für gestraffte Antragstellung bei Unterlassungsansprüchen. Der Kläger begehrte vom Beklagten, dieser möge unterlassen,

»durch Vertreter Zeitschriftenabonnements anzubieten lassen (sic) mit dem Hinweis, er, der Vertreter, sei als ehemaliger Strafgefangener und / oder als des Sprechens und / oder des Lesens und / oder des Schreibens Unkundiger auf die Werbung von Abonnenten dringend angewiesen, um ihm von dem Beklagten

---

246 § 12 SchwbG.

247 §§ 26 I, 27 I SchwbG.

248 OLG Hamburg, NJW 1986, 2714.

gewährte Gelder und/oder Unterkunft und/oder Verpflegung und/oder Ausbildung abzuarbeiten und/oder derartige, ihm von dem Beklagten für die erfolgreiche Werbung zugesagte Leistungen zu erhalten.«)[249]

## *XVI.*

Es ist zu bezweifeln, ob entlassene Sträflinge und Analphabeten, die man zur Mitarbeit in einem Strukturvertrieb gewinnen konnte, derart komplexe Unterlassungstenöre zu befolgen imstande sind. Gottlob befassen sich in der Regel die Wettbewerbsverfahren mit Handlungen schlichterer Art.

Auf der einen Seite sehen wir etwa einen Gewerbetreibenden, von dem es im Tatbestand[250] heißt:

»Der Beklagte unterhält in S. ein Baugeschäft und einen Kollerbetrieb. Seit Anfang 1956 befaßt er sich auch mit der Entleerung von Karbid-, Jauche- und Abwässergruben.

Neben den für seine älteren Betriebe angeführten Fernsprechnummern... und...erhielt der Beklagte für seinen Schlammabfuhrbetrieb vom Fernsprechamt S. die Rufnummer 4711 zugeteilt. Die früheren Inhaber dieser Fernsprechnummer, eine Apotheke in S. und danach ein Telegrafeninspektor, hatten sich andere Rufnummern erbeten, weil die Nummer 4711 gelegentlich nachts von Angezechten mißbraucht worden war.

Die ihm zuletzt zugeteilte Fernsprechnummer hat der Beklagte zunächst in der Form ›Ruf 4711‹ in großen Buchstaben und Ziffern auf der Seitenwand seines Spezialschlammabfuhrwagens angebracht.«

Die Klägerin, eine Kölner Firma, deren Name hier nicht genannt werden soll, verfügt über ein Warenzeichen, das identisch ist mit der Telefonnummer des Jaucheabfuhrbetriebs.

Das Berufungsgericht hatte zunächst den naheliegenden § 16 UWG geprüft und hierzu festgestellt, daß

»bei der völligen Verschiedenartigkeit der Geschäftszweige der Parteien eine Verwechslungsgefahr auch nicht im weitesten Sinne in Betracht kommen könne.«

---

249 OLG Hamburg WRP (Völker, hört die Zentrale) 1981, 469.

250 BGH, Urteil vom 8. 7. 1958, I ZR 68/57.

Das leuchtet ein. Weiterhin leuchtet ein, daß ein lokaler Jaucheabfuhrbetrieb mit der Nummer 4711 Anlaß gibt

»zu für den Namen der Klägerin abträglicher Gedankenverbindung ... Dadurch wird der Firmenname der Klägerin fortlaufend erneut der Lächerlichkeit preisgegeben.«

Ergebnis:

»Der Beklagte wird verurteilt, seine Fernsprechanschlußnummer 4711 an das Fernsprechamt in Siegen zurückzugeben.«

## *XVII.*

Die Firma hat ein weiteres Mal versucht, ihren (hier weiter ungenannt bleibenden) Namen ernst und rein zu halten, Beklagter diesmal: ein Taxiunternehmer.[251]

»Im Jahre 1986 wies ihm die Post ... die Telefonnummer 4711 zu. Seitdem verwendet der Bekl. diese Nummer – zum Teil unter blickfangmäßiger Herausstellung – auch in der auf Stadt und Kreis W. beschränkten Werbung für sein Unternehmen, u. a. auf Aufklebern in Gaststätten und anderen öffentlichen Orten, auf Feuerzeugen, Streichhölzern, Kugelschreibern und in Telefonbüchern. Die Kl. hat beantragt, (1) den Bekl. zu verurteilen, die Fernsprechnummer ›4711‹ an das zuständige Fernmeldeamt zurückzugeben...«,

diesmal allerdings vorderhand erfolglos, da das Berufungsgericht nicht zureichend festgestellt hatte, ob solche Verwendungsweise geeignet ist, die

»– bislang unterstellt – entsprechend berühmte Marke der Kl. in ihrem Werbewert – wenngleich nur regional – spürbar zu beeinträchtigen.«

O weise und gerechte Richter. Sie ist hierzu nicht geeignet.

## *XVIII.*

Wie dies schlichte Beispiel zeigt, ist der Bereich des Wettbewerbsrechts durch festen Glauben an Eignung, Wirksamkeit

---

251 BGH, NJW-RR 1990, 1127.

und Macht des Wortes gekennzeichnet. Doch lebt das Gewerbe nicht vom Wort allein, sondern von demjenigen, der es hört oder liest. Dies bringt es mit sich, daß neben dem Durchschnittsgewerbetreibenden als Sittenmaßstab auch ein Leitbild des Empfängers von Werbebotschaften zu erschaffen war. Es ist dies der »Durchschnittsbeschauer oder -hörer« einerseits, der, andererseits, in seiner Durchschnittlichkeit folgende prinzipielle Disposition gegenüber Werbung aufweist:

»Geschäftliche Ankündigungen, die sich an das breite Publikum wenden, werden selten aufmerksam und kritisch gelesen. Dazu fehlen gewöhnlich Zeit und Lust... Bei der Prüfung des Aussagegehalts einer Werbung, die sich an das breite Publikum richtet, ist daher grundsätzlich vom *Eindruck des flüchtigen Durchschnittsbeschauers oder -hörers* auszugehen, der eine Werbebehauptung *ungezwungen* und *unkritisch* wahrnimmt.«[252]

Ein weiteres Dilemma tritt hier in Kraft. Forensisch besteht ja folgende Situation: Es sitzen im Instanzenzug bis zu fünf Berufsrichter aufs Mal, hochbegabte Leute, über eine Werbebotschaft versammelt, und würdigen unter Aufwendung immenser Quanten von Zeit kritisch, gezwungen und, in Befolgung ihres Diensteids (§ 38 I DRiG), jeder Flüchtigkeit entsagend, diese Werbung unter Benutzung eines Konstrukts. Dies Konstrukt nötigt sie, so zu tun, als läsen und hörten sie flüchtig, unaufmerksam, unkritisch, und als fehlte ihnen Zeit und Lust, sich mit dieser Werbung zu beschäftigen.

Eine höchst bemerkenswerte Ausgangslage. Man hat gelegentlich Hunde auf ähnliche Weise in den Wahnsinn getrieben; mit folgender Versuchsanordnung: kam ein Kreis, gab es Futter, kam eine Ellipse, gab es keins, und dann verschob man allmählich die Achsenverhältnisse der Ellipse von zwei zu eins nach zehn zu neun. Die Hunde setzten sich dann hin, bewegten sich nicht mehr, und jaulten.

Dies Beispiel mag erläutern, weshalb nach deutscher Wettbe-

---

252 *Baumbach/Hefermehl*, § 3 UWG, Rdnr. 32/33.

werbsverfassung zulässig an sich nur noch mit dem Satz geworben werden darf: Ich halte Sachen mittlerer Art und Güte feil und bitte um Ihr Vertrauen.[253]

## *XIX.*

Gerade noch zulässig, doch an der Grenze zur Alleinstellungsberühmung, sind Aufforderungen wie etwa

»Sieh' alle Möbellager durch und kaufe dann bei Schulenburg«,[254]

wobei man den entscheidungserheblichen Unterschied zu dem zwischen den Parteien unstreitig[255] unzulässigen

»Sieh' alle Möbellager durch, dann kaufst Du gern bei Schulenburg«,[256]

selbst bei flüchtiger, ungezwungener, zeit- und lustloser Betrachtung nicht auf Anhieb einsieht.

## XX.

Die Zahl der Dilemmata erhöht sich, wenn die Sittenwidrigkeit des einen dem Geschädigten sogar zum Segen gereichen kann. Es hat etwa eine Miederwarenfabrik geistiges Eigentum an folgendem Spruch mit Verkehrsgeltung:

»Biegsam wie ein Frühlingsfalter / bin ich in Forma Büstenhalter«,[257]

und behauptet hierbei, dieser Vers habe sich als volkstümliche Schlagzeile durchgesetzt. Sie sieht sich geschädigt durch einen »Lustspiel-Tonfilm« mit dem Titel »Buster hat nichts zu la-

---

253 Und selbst dies wäre als gefühlsbetonte Werbung noch bedenklich.

254 OLG Hamburg, GRUR 1953, 533.

255 Insoweit hatte sich die Beklagte zuvor unterworfen.

256 a. a. O., 534.

257 OLG Köln, GRUR 1934, 758.

chen«, in dem *Buster Keaton* unter anderem die Worte spricht (so wenig hat er in dem Film zu lachen):

»Schmiegsam wie ein Frühlingsfalter / bin ich Müllers Büstenhalter«.[258]

Das Gericht stellt zunächst fest, dem Vers eigne »geringer dichterischer Wert« und weiterhin, daß eine bekannte Korsettfirma mit dem Namen Müller nicht existiere.[259] Und schließlich weist es die Klägerin auf folgenden Umstand hin:

»Die Benutzung des Verses in dem Film ist eher geeignet, ihn den hier fraglichen Verkehrskreisen wieder in Erinnerung zu bringen.«

Diesem Satz wird jeder flüchtige Durchschnittsleser ungezwungen zustimmen.

## *XXI.*

Ähnlich, wenn jemand Aufkleber vertreibt, die zwei im Flug sich paarende Kraniche zeigen und mit der Aufschrift versehen sind: Lusthansa.

Eine Fluggesellschaft, deren Name hier ungenannt bleiben soll, behauptet demgegenüber Verletzung des Namens- und des allgemeinen Persönlichkeitsrechts, maßgeblich mit der Begründung: Verläßlichkeit und Verantwortungsbewußtsein ihres Personals würden in Frage gestellt, wenn durch die Verballhornung ihres Namens auf eine »lockere Atmosphäre im beabsichtigten Sinne« geschlossen würde.[260]

Durch zwei Instanzen erfolglos. Bereits das Landgericht[261] schließt eine Rufgefährdung aus:

---

258 a. a. O., 759.

259 a. a. O., 760.

260 OLG Frankfurt, NJW 1982, 648.

261 Frankfurt, NJW 1982, 649.

»Hierzu müßte der unbefangene Durchschnittsbetrachter – auf wen sonst soll abgestellt werden – durch den Aufkleber sich veranlaßt sehen, die Bekl. mit sexuellen Beziehungen in Verbindung zu bringen bzw. ihr Unternehmen mit einem ›Bordell-Betrieb‹ gleichzusetzen... Die Assoziation zu einem ›Lust‹- im Sinne von Bordellbetrieb könnte dem verständigen Rechtsgenossen mithin allenfalls durch die gleichzeitige Abbildung zweier übereinanderfliegender Kraniche kommen. Dies erscheint ausgeschlossen. Die dargestellte Verbindung des Wortes ›Lust‹ und eines im Flug befindlichen Vogelpaares ist für den unbefangen wertenden Bürger kein Hinweis auf libidinöse Zusammenhänge... Die Kammer kann weiter als allgemein bekannt voraussetzen, daß Geschlechtsverkehr zwischen Vögeln der abgebildeten Art weder je beobachtet noch ›technisch‹ – schon wegen des Gewichts – möglich ist. Es mag Betrachter geben, die den genannten Zusammenhang dennoch herstellen. Im Zweifel wird diesen aber bewußt sein, daß sie das nicht der Darstellung auf dem Aufkleber, sondern ihrer eigenen (sexuellen) Phantasie zuzuschreiben haben. (Denn: ›Den Reinen ist alles rein‹, Paulus-Brief an Titus, 1, 15).«[262]

## *XXII.*

Die Assoziationen des verständigen Durchschnitts werden erst im Falle anderen Geflügels brisant.[263]

Es bewirbt jemand Nudeln, hergestellt aus Trocken-Ei, durch eine Rundfunkwerbung, wobei (schon) vor der eigentlichen Werbebotschaft die Hühner gackern. Der Wettbewerber begeht Unterlassung. Das Gackern weise irreführend auf die Verwendung von Frisch-Ei. Eine Kammer, zwei Senate brüten über den flüchtigen, ungezwungenen Assoziationen des verständigen Durchschnittshörers anläßlich eines Gackerns.

1) Das Landgericht:

»Der Hörer sage sich nur allgemein, das Gackern sei vom Huhn wie das Schnattern von Gänsen oder Enten sei.«

Ergebnis: Der Hörer irrt sich über nichts.

---

262 a. a. O., 650.

263 BGH, GRUR 1961, 544.

2) Das Oberlandesgericht:

»Da erfahrungsgemäß die Hühner, insbesondere nach dem Legen eines Eies, gackerten und das Eierlegen der den Menschen am Huhn am meisten interessierende Vorgang sei, denke der Hörer beim Gackern in der Werbesendung sogleich ans Eierlegen.«

Einholung eines Gutachtens, Beauftragung einer Umfrage ist nicht veranlaßt:

»Die Richter des Senats seien, so führt das BerG aus, in der Lage, sich aus eigener Kenntnis ein Urteil zu bilden, zumal sie selbst zugleich auch zum Abnehmerkreis für Eierteigwaren gehörten, solche auch schon wiederholt eingekauft hätten. Auch seien alle Richter des Senats mit ländlich-kleinstädtischen Verhältnissen vertraut.«[264]

Sicherheitshalber wird eine Hilfsbegründung nachgeschoben:

»Das BerG unterscheidet dabei mit dem LG zwischen ›Konversationsgegakker‹ und ›Legegegacker‹. Es sei, so führt das BerG hierzu aus, gerichtsbekannt, daß nach der Überzeugung zahlreicher ländlicher und kleinstädtischer mit Hühnern vertrauter Personen die Hühner nach dem Legen eines Eies in einer besonders charakteristischen Weise gackerten (›Legegegacker‹). Ein solches Gegacker komme vor allem im betonten Hervorheben eines der ersten Gakkertöne zum Ausdruck.«

In der mündlichen Verhandlung wird die Werbung durch Tonband in Augenschein genommen. Ergebnis: Legegegacker.

(Das LG hatte allerdings gefunden: »... sozusagen typisiertes Gegacker.« Das Berufungsgericht hält dagegen: Das mag sein, doch eigne auch dem typisierten Gegacker eine »›triumphierend-verkündende‹ Form«. Der Hörer höre hier Legegegakker.)

Das Landgericht hatte weiters als erheblich angesehen: Es hätten gar keine Hühner gegackert, sondern ein Tierstimmen-

---

264 Was bei einem Senat des OLG Stuttgart ohne weiteres einleuchtet.

imitator. Das Berufungsgericht seinerseits hatte rechtsfehlerfrei

»im Rahmen seiner Hilfsbegründung angenommen ..., der Tierstimmenimitator habe in den beanstandeten Werbesendungen ein Hühnergegacker mit einem Tonfall wiedergegeben, der an unmittelbar vorausgegangenes Eierlegen denken lasse.«

3) Die Revision sagt nun: Ohne Gutachten kommt man nicht aus; Hauptadressat der Werbebotschaft sind die Hausfrauen. Der BGH verwirft das Argument, da es sich

»bei der Beurteilung von Hühnergegacker um einen Vorgang des täglichen Lebens handelt.«[265]

Er hätte in diesem Zusammenhang auch darauf verweisen können, was er kurz zuvor in anderer Sache zur Aufgabenverteilung im Haushalt entschieden hatte.[266] Für den Einkauf von Nudeln ist die Hausfrau danach prinzipiell nicht allein zuständig. Denn der Mann hat prinzipiell mitzuhelfen. Zumal wenn er Rentner ist, weil nämlich

»nicht mehr tätige, aber noch rüstige Ehemänner auch in bürgerlichen Verhältnissen in besonderem Maße ihre Ehefrauen bei der Hausarbeit zu entlasten pflegen. Diese in weiten Bevölkerungskreisen bestehende Übung entspricht auch der heutigen Auffassung von der Ehe, mit der es unvereinbar ist, daß ein im Ruhestand lebender Mann seiner Frau bis ins hohe Alter alle Arbeiten allein überläßt und er selbst untätig zuschaut.«[267]

Aber vielleicht gilt dieser Grundsatz im Bereich des OLG Stuttgart nicht.[268] (Der Grundsatz hindert ja auch nicht die Feststellung unterschiedlicher Talente für haushaltliche Din-

265 a. a. O., 545.

266 JZ 1960, 371.

267 a. a. O., 372.

268 Die schwäbische Küche beruht etwa auf der Grundannahme, daß Zutaten teuer sind, aber die Arbeitskraft der Hausfrau unbegrenzt zur Verfügung steht.

ge, etwa den Umgang mit heißen Fonduebrennern.[269] Wenn die Hausfrau einen solchen »mit brennendem Spiritus mit ungeschützter Hand an seinem Griff vom Schrank zum Tisch« trägt (er fällt dann zu Boden, Schaden 12 000 Mark), ist dies nicht grobfahrlässig, weil

»ein Hantieren mit heiß gewordenen Gegenständen, wie Töpfen, Kesseln, Pfannen usw. zu den alltäglichen Verrichtungen des Haushalts gehört und gerade Hausfrauen im Umgang damit häufig geschickt und routiniert sind.«

Ende des hausfrauenrechtlichen Exkurses.)

## *XXIII.*

So flüchtig, wie der Durchschnitt wahrnimmt, so wenig greifbar sind teils die Gegenstände, die man der Justiz im Wettbewerbsrecht vorlegt.

So versucht etwa ein Privatsender, Leistungsschutz für einen Sachverhalt zu erlangen, den er Konzeptspezifik von »Dall-As« nennt, nachdem sein Leistungsträger *Karl Dall* sich einem anderen Privatsender zugewandt hat und dort unter dem Titel »Jux und Dallerei« unverändert fortleistet.[270] Diese neue Sendung soll nun verboten werden, und weil ein Unterlassungsantrag konkret sein muß, bezeichnet der Sender den Gegenstand des Unterlassens wie folgt:

»... (5) die Befragung oder ›Be-Talkung‹ der Gäste durch Karl Dall mit der ›Dall-As‹-konzeptspezifischen ironisch-provokanten Hervorhebung oder Kommentierung vermeintlich persönlichkeitsspezifischer Merkmale oder Eigenschaften der Gäste und dem ›Dall-As‹-konzeptspezifischen Aufgreifen von Äußerungen der Gäste unter gezielter sprachlicher Verfälschung in herabsetzender oder sonst verzerrender Weise und der ›Dall-As‹-konzeptspezifischen ständigen Irritation/Provokation der Gäste durch die Wahl unsinniger oder im Gesprächskontext zusammenhangloser Gesprächsthemen.«

---

269 OLG Köln, NJW-RR 1987, 90.

270 OLG München, NJW-RR 1993, 619.

Abgelehnt. Leistungsträger ist *Karl Dall*. Die abstrakte Idee ist nicht schutzfähig:

»Die Verfügungskl. kann sich mithin nicht erfolgreich darauf berufen, die Idee einer Sendung, in der prominente Talkshowgäste durch einen Talkmaster irritiert, provoziert, zur Enthüllung ihrer Persönlichkeit und möglichst zum verärgerten Verlassen der Show gebracht werden sollen, selbst gehabt zu haben.«

Als wenig schützenswert erwies sich auch die Idee eines schwäbischen Kaufhauses (dessen Name hier nicht genannt werden soll), im Rahmen von »Eisschlotzwochen« an Kinder »Eispässe« mit sechs Stempelfeldern auszugeben, verbunden mit der Anpreisung, wenn nach Ankauf von sechs Eis alle Felder vollgestempelt seien, gebe es einen »Breunis-Saisonbecher« gratis, und wer einen vollgestempelten Eispaß abgebe, nehme an einer Verlosung teil; Gewinn: Einladung ins Varieté.[271]

## *XXIV.*

Und großer Ideenreichtum waltet anläßlich von Sonderveranstaltungen. Dem begrifflichen Raffinement sind keine Grenzen gesetzt, namentlich wenn es darum geht, den Kanon der schlußverkaufsfähigen Waren zu erweitern.

So hält ein Motorradhändler herabgesetzte Helme feil und äußert, auf Unterlassung in Anspruch genommen, es handle sich um Bekleidung.[272] Erstens hätten früher die Motorradfahrer Ledermützen getragen, und zweitens folgten Farbe und Gestaltung der Helme modischen Trends. Vergeblich:

»Gewiß sind ähnlich wie die früheren Pilotenmützen gestaltete Leder- und Leinenkappen, die früher von Motorradfahrern getragen wurden, Beklei-

---

271 OLG Stuttgart, NJW-RR 1995, 429.

272 OLG Düsseldorf, NJW-RR 1986, 35.

dungsgegenstände. Dies zeigt sich beispielhaft daran, daß sportbegeisterte und modebewußte Leute, die ›in‹ sein wollen, solche Kappen heute aus rein modischen Gründen tragen. Hingegen ist bisher nicht beobachtet worden, daß zum Zwecke eines Spaziergangs oder einer Einkaufspromenade irgendwer seinen Kopf ›bekleidet‹, indem er ihn in einen Motorradhelm zwängt.«[273]ÿ-

Eben dies gilt auch für Echthaarperücken, die ein Friseursalon anbietet.[274] Der klagende Verband argumentiert: Bei Perücken handle es sich heutzutage um hochmodische Artikel, Bekleidungsgegenstände, die auch in Kaufhäusern zu Schleuderpreisen veräußert würden. Das Argument wird verworfen:

»Gegenwärtig dienen zumal Echthaarperücken überwiegend der Schönheitspflege, sei es, daß die Perücke ihrem Träger eine modische Haartracht verleiht, sei es, daß sie in bestimmten Fällen rasch ein ordentliches, gepflegtes Aussehen gewährleisten soll. Dagegen erfüllt die Perücke derzeit nicht die Funktion der Kleidung dahin, ihren Träger vor äußeren Einflüssen wie Hitze, Kälte, Nässe etc. zu schützen oder je nach Sitte und Schamgefühl Teile des Körpers zu bedecken.«[275]

Der Fall weist übrigens eine Besonderheit auf: die Rollen sind vertauscht. Der Friseur hat am ersten Tag des Schlußverkaufs Perücken im Fenster stehen und bewirbt sie mit Preisgegenüberstellungen. Dies gewahrt ein Spitzel des Verbands, woraufhin der Verband es ist, der behauptet, hier halte jemand schlußverkaufsfähige Ware unbefugt mit einer Gegenüberstellung feil. Der Friseur entgegnet, ihm sei die Absicht gänzlich fremd, am Schlußverkauf teilzunehmen, und daß Perücken Bekleidung seien, habe er nie behauptet.

Normalerweise sind die Rollen anders verteilt. Es klagt die Sittlichkeit gegen die Verworfen- und Verkommenheit, und

---

273 a. a. O., 36.

274 OLG Hamm, WRP 1984, 566.

275 a. a. O., 567.

niemand hat diese Rollen schöner herausgearbeitet als *Borck* in seinem Muster einer Unterlassungsklage:[276]

»Unterlassungsklage in der Sache
der Firma *Honig Weiß*, Inhaber *Baldur*[277] *Weiß*,
Im Lichte 1, 5731 Warendorf
– Klägerin –
Prozeßbevollmächtigter: *RA Emsig*, Arnsberg

gegen

die Firma *Schwarz Feinkost GmbH*,[278] vertr. d. d.
Geschäftsführer *Ignaz Schwarz*,
Im Finsteren Grunde 3–5,
5731 Warendorf
– Beklagte –

Prozeßbevollmächtigte: *RAe Winkel pp.*, Arnsberg
wegen unlauteren Wettbewerbs …«

---

276 a. a. O., Rdnr. 323.

277 Bekanntlich der Gott alles Guten und Gerechten der nordischen Mythologie.

278 Man beachte, daß der Schurke selbstverständlich als GmbH auftritt, vermutlich mit einer entsetzlichen Unterbilanz.

# 6.

## I.

*Zu e) Reisemängel.*

Urlaubsfreude und Erholung sind in der Industriegesellschaft ein hohes Gut, helfen sie doch, der Frühpensionierung vorzeitig Verschlissener vorzubeugen. Entsprechend wirksamen Schutz gewährt ihnen das Gesetz in den §§ 651 a ff. BGB, einer modern-flexiblen Regelung. Und deutscher Geist hat es vollbracht, binnen einer Frist von nicht einmal sechs Jahren, gerechnet ab Bestehen dieser Vorschriften,[279] soviel Fallmaterial zu erzeugen, daß die Richter des Bezirks Frankfurt am Main aus diesem Material eine Tabelle destillieren konnten, die maßgebliche Mängel einer Reise nebst kanonisierten Minderungsquoten darstellt – gleichsam als ein System der Standardabweichung.[280]

Und eben dieser effiziente deutsche Geist hat, gestützt auf eben diese Tabelle, alsbald den »Pauschalurlaub zum Nulltarif« erfunden, das Konstrukt zielgruppenorientierter Reisen, deren Mängel zu einer Minderung von jeweils 100% führen.[281] Wobei der Haken, wie der Erfinder zutreffend darlegt, darin besteht, daß bis dato eine Tabelle fehlt, wo man diese schönen Mängel

---

279 Inkrafttreten 4. 5. 1979.

280 NJW 1985, 113.

281 Köhler, JZ 1985, 1088. Auszug:
3. Vorschlag (Zielgruppe: Singles ab 40 J.)

| | |
|---|---|
| Doppelzimmer statt Einzelzimmer: | 20% |
| Ausfall der Klimaanlage: | 10% |
| Ungenügender Wäschewechsel: | 5% |
| Lärm in der Nacht: | 15% |
| Ungenießbare Speisen: | 25% |
| Fehlende Reitmöglichkeit trotz Zusage: | 10% |
| Fehlende Animateure trotz Zusage: | 10% |
| Fehlende Reiseleitung: | 5% |
| *Zusammen:* | 100% |

alle bekommen kann. Hier täte ein Mängel-Atlas not, ein Guide Michelin in rem verso.

*II.*

Wer Reise-Fälle bearbeitet, hat dreierlei[282] zu unterscheiden: Zum einen, was tatsächlich geboten wird, zum zweiten, wie sich dies zum inländischen Standard verhält, drittens, wie das Gebotene beworben worden war.

Der Reise-Fall ist dadurch gekennzeichnet, daß Gattungsschuld, Prospekt und Wirklichkeit teils erheblich auseinanderliegen.[283]

*III.*

Mit der Leistungsbeschreibung verspricht der Veranstalter – wohin auch immer die Reise geht – Leistungen mittlerer Art und Güte nach inländischem Standard,[284] wie sich aus dem in aller Welt gültigen § 243 I BGB ergibt. *Wolter*[285] sieht an diesem Punkt die »Gefahr einer touristischen Kolonialisierung vor allem der nichteuropäischen Länder«, doch soll uns dieser außenpolitische Aspekt des § 243 I BGB hier nicht interessieren.

---

282 Technisch-modern gesprochen: drei »Strukturelemente«; ohne Struktur tun wir es nicht mehr.

283 Der Grundkonflikt ist sehr schön formuliert von *Tonner*, NJW 1992, 1794 (1797): »Wenn Fotos von Sonne und blauem Meer suggerieren, die ganze Wahrheit zu sein, aber nur die halbe Wahrheit sind, haftet der Veranstalter für die fehlende Hälfte.«

284 BGH, NJW 1987, 1931 (1935).

285 Münchener Kommentar, § 651 c, Rdnr. 21.

Zum inländischen Standard gehören zunächst elektrisch Licht und fließend Wasser:

»Mit dem Hinweis auf eine ›Grundausstattung‹ – wie sie bei Abenteuerreisen angebracht sein mag – braucht sich der Reiseteilnehmer nicht zufriedenzugeben. Es muß ihm überlassen werden, ob und wann er seine Ferienunterkunft möglicherweise stimmungsvoll mit Hilfe von Kerzenschein oder einer Petroleumleuchte illuminieren möchte.«[286]

Mittlere Art und Güte mangelt auch einem Hotel, in dem eine Reisende

»durch Hotelangestellte und / oder einheimische Besucher sexuell in aufdringlicher Weise belästigt wird«[287]

(was im Inland nicht vorzukommen pflegt, was ein Blick in die Sammlung BGHSt jedermann schnell erweist); Belästigungen,

»die auch bei freiesten Anschauungen die bei Personen verschiedenen Geschlechts üblichen Annäherungsversuche überschritten haben. So braucht sich keine Frau gefallen zu lassen, daß ihr in der Discothek ein Mann den Rücken zudreht und mit dem Gesäß wackelt und daß sie um die Taille oder unter den Rock gefaßt und an erogenen Zonen berührt wird. Ebensowenig braucht sie es zu dulden, daß Einheimische nachts vor der Zimmertür des Gastes schlafen, um diesen bei Verlassen des Zimmers anzusprechen.«

Dies hat in der Tat mit § 243 I BGB nichts mehr zu tun, führt vielmehr zur Minderung des Reisepreises um 20%. Entschädigungslos zu dulden hat der deutsche weibliche Reisende allerdings Bedrohlichkeiten minder greifbaren Charakters.

Etwa auf Barbados.[288]

Die Klägerin rügt, es hätten Einheimische auf den Palmen gesessen und Touristinnen beobachtet. Die Beweisaufnahme, Vernehmung der Reiseleiterin, ergibt:

---

286 LG Frankfurt, NJW-RR 1987, 368.

287 LG Frankfurt, NJW 1984, 1762.

288 LG Frankfurt, NJW-RR 1993, 632.

»Die Zeugin erklärte wörtlich: ›So eine Behauptung ist total absurd, da die meisten Einheimischen überhaupt nicht in der Lage sind, Palmen zu erklettern.‹«[289]

Sodann habe sie ein Mann namens Komet nebst einem Spießgesellen in roter Turnhose ständig verfolgt. Über entsprechende Begebenheiten verfertigt die Reisende ein »Protokoll«, aus dem folgendes erhellt:

»›Als ich am Morgen um ca. 7.00 Uhr auf dem Balkon sitze, betritt ein Mann die Anlage. Er geht bis zur Ecke, an meiner Seite durch und dreht mir sein Gesicht ein paar Sekunden zu. Es ist der Mann, der ein versehrtes Auge hat (Freund von Komet), etwas schwerfällig geht. Sein Blick läßt mich erstarren, es ist ein kalter Blick, eine Warnung. Er verschwindet so schnell, wie er gekommen ist.‹«[290]

Weiter: Es habe konkrete Überfallgefahr bestanden, ausweislich des Umstands, daß nachts zwei bis drei Wachmänner in der Anlage patroulliert hätten. Das Gericht hält dies für wenig indiziell:

»Vielmehr wurde auf diese Weise die Gefahr von Überfällen eher gemindert. Dabei spielt es keine Rolle, daß einer der Wachmänner laut Vortrag der Kl. mit einem Radio und einer Bierflasche ausgerüstet gewesen sein soll; daraus kann nicht geschlossen werden, daß er ›der Situation nicht gewachsen war‹ und seine Aufgabe nicht ernst zu nehmen schien.«

Übrigens ist das Bild von Wachmännern mit Radio und Bierflasche jedermann vertraut, der einmal eine deutsche Pförtnerloge oder eine Tiefgaragenaufsicht gesehen hat. Die in Übersee erbrachte Leistung des Veranstalters hält sich damit vorliegend auch insoweit in dem Rahmen, den § 243 I BGB für Gattungsschulden steckt.

---

289 a. a. O., 633.

290 a. a. O., 633, r. Sp.

## *IV.*

Mittlere Art und Güte ermangelt, auf Gran Canaria, einer Unterkunft mit Kakerlaken, da selbst dort nicht landesüblich.[291]

Der Grundsatz, daß Kakerlakenvorkommen zum Mangel führen, gilt allerdings nicht uneingeschränkt.

## *V.*

Kläger und Klägerin[292] entdecken, auf Hawaii, vor dem Schlafengehen an der Decke von Zimmer 510 einen großen Gecko. Sie räumen das Zimmer und erhalten Nr. 318 zugewiesen. Dort finden sich an der Decke: drei Geckos sowie einen Kakerlak »von der Größe eines Hirschkäfers«. Kläger und Klägerin räumen nunmehr fluchtartig und suchen in nächtlicher Aktion neue Unterkunft. Zurückgekehrt fordern sie Kosten dieser Unterkunft und Ersatz für anderthalb Tage vertanen Urlaubs: sie seien übernächtigt gewesen und hätten an dem für den Folgetag geplanten Urwaldausflug, von daher, nicht teilnehmen können.

Vergeblich. Die Geckos machen keinen Mangel aus:[293]

»Die Geckos gehören als Kriechtiere zu der Familie der Haftechsen und stellen sich als vollkommen unschädliche harmlose Schuppenechsen dar. Die Kammer verweist hierzu auf die Ausführungen in Brehms Tierleben (2. Originalausgabe, Neuaufl. 1954, Bd. Nr. 11, S. 185 ff.). Es handelt sich hierbei um völlig harmlose Geschöpfe, die weder Menschen angreifen noch sich in den Betten aufhalten oder irgendwelche Krankheiten übertragen...Brehm bezeichnet sie als ›Haustiere im vollsten Sinne des Wortes, treuer noch als die Mäuse und jedenfalls nützlicher‹ (Brehms Tierleben, S. 189). Sie werden teilweise sogar in Wohnungen geduldet, da sie anderes Ungeziefer aufspüren und verzehren (Tierlexikon, Ullstein-Verlag, 1967, Stichwort ›Gecko‹).«

---

291 LG Frankfurt, NJW-RR 1988, 245.

292 LG Frankfurt, NJW-RR 1992, 630.

293 a. a. O., 631.

Bleibt als Mangel der Kakerlak.

»Die Kammer hat zwar ausgesprochen, daß Kakerlaken in einem Hotelzimmer auf Gran Canaria einen Mangel darstellen. Es ist aber bereits zweifelhaft, ob eine einzige Kakerlake auf Hawaii einen Reisemangel darstellt. Diese schwierige Rechtsfrage braucht hier nicht entschieden zu werden.«

In der Berufung war zudem unklar geworden, ob es sich überhaupt um eine Kakerlake gehandelt hatte.

»Dieses nach wie vor undefinierbare Insekt scheidet aber schon deshalb als Grund für den Auszug des Kl. aus dem Hotel aus, da es der Kl. nach seinem eigenen Vorbringen mit dem Turnschuh seiner Ehefrau erschlagen hat. An dieser Tatsache ist nichts mehr zu deuteln, da das vorgelegte Foto neben dem Insekt den Teil eines Turnschuhs erkennen läßt. Der Kl. hat nach seinem eigenen Vorbringen im Wege der Selbsthilfe den etwaigen Reisemangel beseitigt...Unter diesen Umständen bedarf es auch keiner Stellungnahme zu der Frage, ob in dem Vorbringen der Bekl., einer der Geckos habe die Kakerlake gefressen, eine wirksame Abhilfe durch ein Tier zu sehen ist, das – zumindest analog der Lehre von der Zweckerreichung – dem Reiseveranstalter zugute kommt.«

## *VI.*

Es bildet sich überhaupt bei Gerichten, die mit Reisesachen befaßt sind, vertiefte Kenntnis der Fauna des Südens heraus. Die Kakerlakenfrage ist kraft dieser Sachkunde rechtlich geklärt. Der Gecko ist unter die Haustiere subsumiert, dem Rechtsdenker *Brehm* sei Dank. Auch der einsame Skorpion am Lago di Lugano ist entschieden.[294]

Grundsatz: gehäuftes Auftreten von Insekten führt zur Minderung.

»Die Belästigung durch vereinzelt auftretende Insekten hingegen liegt im Rahmen dessen, was ein durchschnittlicher Reisender im Rahmen des allgemeinen Lebensrisikos erwarten muß. Dies gilt grundsätzlich auch für das Auftreten eines einzelnen Skorpions. Es ist gerichtsbekannt, daß Skorpione

294 Frankfurt, NJW-RR 1993, 1146.

auch im nördlichen Mitteleuropa vereinzelt anzutreffen sind. So ist etwa die nördliche Verbreitungsgrenze des Euscorpius carpaticus etwa in Südtirol und der südlichen Schweiz anzusiedeln, so daß naturgemäß auch in Oberitalien Skorpione auftreten können. Die europäische Gattung des Skorpions hat jedoch allenfalls eine Rumpfgröße von 3 bis 4 cm, so daß die Schilderung der Ehefrau, der Skorpion sei ›handtellergroß‹ gewesen, stark übertrieben erscheint und möglicherweise auf die nächtliche Aufregung zurückzuführen ist.«[295]46

## *VII.*

Diese Fälle betrafen die Jagd auf Ungeziefer. Mancher will indessen Großwild jagen, und dies bringt dann Probleme gänzlich anderer Art mit sich.[296]46

Es beginnt mit der Anreise. Ort der Jagd (es soll auf Elche gehen) ist irgendwo in der ehemaligen Sowjetunion. Der Veranstalter hatte empfohlen, bei Stau an der polnisch-weißrussischen Grenze an der Schlange einfach vorbeizufahren. Der Reisende richtet sich nach dieser Empfehlung, mit der Folge, daß er an der Grenze »Tätlichkeiten« der übrigen Staubewohner ausgesetzt ist und zwei Tage auf den Grenzübertritt warten muß.

Einen Mangel begründet dies allerdings nicht, wie schon der eigens für solche Fälle installierte § 676 BGB ergibt. Zur Minderung berechtigt allein, daß der Veranstalter einen »reibungslosen Ablauf der Jagdreise und gute Organisation« zugesichert hat, und der reisende Jäger dann täglich unorganisiert sechs bis acht Stunden mit einem Jeep herumfahren muß in der Hoffnung auf »zufällige Sichtung von Elchwild«.

»Dabei wird nicht verkannt, daß kein Revierleiter das Vorhandensein von Wild an einem bestimmten Platz garantieren kann. Es stellt jedoch in jedem Fall einen Mangel dar, wenn – auch das ist unwidersprochen geblieben – von

295 a. a. O., 1147.

296 AG Frankfurt, NJW-RR 1993, 633.

der Zeit eines Jagdtages eineinhalb bis zwei Stunden mit Fahrten auf der Suche nach den vor dem Elchwild geflüchteten Hunden zugebracht werden.«[297]

Auch braucht niemand hinzunehmen, daß

»die Treiberkette aus lediglich drei bis vier Jägern und maximal zwei Hunden besteht, das Treiben lediglich 45 Minuten dauert und vor allem bereits beginnt, bevor alle Jäger angestellt waren.«

Minderung, aufgrund äußerst heimtückischer Berechnung durch das Gericht: 355 Mark. Den Umstand, daß gänzlich waidsittenwidrige Nachtjagden mit Blendscheinwerfern stattfanden, kann der Reisende als Mangel hingegen nicht ins Feld führen:

»Es steht auch im Widerspruch zum eigenen voraufgegangenen Tun und stellt sich somit als Treuwidrigkeit dar (§ 242 BGB), wenn der Bekl. einerseits von einem Geländewagen aus einen Elch erlegt und der Kl. dann vorwirft, er habe die Jagdreise nicht gebucht, um einen Elch ›abzuknallen‹.«

Ohnehin ist der Reiz des Elchjagens nicht recht nachzuvollziehen.
Wer käme hierzulande auf den Gedanken, Kühe von der Weide zu schießen? Und noch dazu mit Blendscheinwerfern? Wohl auch nur derjenige, dessen Charakter zuläßt, an einem Stau vorbeizufahren.

## *VIII.*

Reiserecht ereignet sich außerhalb des § 243 I BGB zumeist anhand heftigen Auseinanderklaffens von Prospekt und Wirklichkeit.[298] Der Katalog ist Leistungsbeschreibung und -programm; Grundlage der Erholungshoffnung.
Und wie ein Grundschüler es fertigbringt, im Wort »Hemd«

297 a. a. O., 634.

298 Vgl. auch *Bierce* und seine Definition der Wüste: »Ausgedehnter, fruchtbarer Landstrich, der in Erschließungsprospekten reiche und hochwertige Ernten trägt.«

fünf Fehler einzubauen,[299] gibt es analoge Fälle von Reisefehlern; Prospekte, in denen überhaupt nichts stimmt, etwa einen Sprachkurs in Frankreich betreffend, der wie folgt beworben war:[300]

a) Die Lehrkräfte sind, entsprechend dem »professionellen Anspruch« des Veranstalters, »nach den landesüblichen Maßstäben qualifiziert«.
b) Es wird »an allen Orten ein umfangreiches und differenziertes Lernprogramm mit Literaturbeispielen aus Geschichte, Kultur und aktuellen politischen Themen« geboten. Als tägliche Unterrichtszeit sind vier Stunden angesetzt.
c) Unterrichtsmaterial kann »an Ort und Stelle gekauft oder ausgeliehen werden«.
d) Weiter wird versichert, daß das »Ambiente der Unterrichtsräume Stil und Kultur des jeweiligen Landes« entspreche. Ein Informationsschreiben erwähnt »mehrere Aufenthaltsräume mit offenem Kaminfeuer, Eßräume, Grill«.
e) Den Kunden erwarte »intensives Sprachtraining in ruhiger Atmosphäre«. Für den Veranstalter, seinerseits, sind »Effizienz und Vergnügen keine Gegensätze«.
f) Die Kursgebühr könne man als Werbungskosten absetzen nach § 9 EStG.
Soweit der Prospekt.

## *IX.*

Tatsächlich geboten wird folgendes:
a) Der Unterricht läßt »didaktischen Aufbau und entsprechende Vorbereitung« nicht erkennen.

---

299 *hämmpt.*

300 LG Frankfurt, NJW-RR 1990, 1210.

b) Ein Lehrplan ist nicht vorhanden. Die Lehrerin, Madame J, versichert hierzu zeugenschaftlich, sie habe sich

»›Mühe gegeben, verschiedene Methoden aus verschiedenen Büchern zusammenzutragen, sogar aus alten Büchern, mit deren Hilfe man eher ein gepflegtes Französisch erlernen kann.‹«

In den vier Stunden Unterricht geschieht folgendes: »Unstreitig hat Madame J die Gruppe der vier Teilnehmer in zwei Untergruppen – entsprechend den Fähigkeiten – aufgeteilt und befaßte sich jeweils nur mit einer Gruppe insgesamt zwei Stunden lang, während die beiden anderen Teilnehmer anhand eines Diktats sich selbst beschäftigen sollten.«

c) Das Unterrichtsmaterial besteht aus einem Schulbuch der Madame J aus dem Jahre 1953. Schriftliche Kursunterlagen gibt es nicht,

d) Die Räumlichkeiten.

»Unstreitig fand der Unterricht in der Wohnküche von Madame J statt, die sich außer der Zuwendung an die vier Schüler zumindest zeitweise auch mit dem Kochen beschäftigte. Außerdem hielten sich in der Küche während des Unterrichts zumindest zeitweise quengelnde Enkelkinder und drei Jagdhunde auf, so daß sich ein sehr häusliches Milieu ergab, das sich aber nicht mit der Prospektbeschreibung einer Schule vereinbaren läßt... Dabei kann dahingestellt bleiben, ob der eine der Hunde, ein Rottweiler, nach Angaben des Kl. ›besonders unsauber und stinkend‹ war.«

Aufenthaltsräume, Eßräume, Grill existieren nicht.

»Außerdem ist zu berücksichtigen, daß Madame J ankündigte, für zwei Tage zu verreisen und die vier Reiseteilnehmer auf ein vorbereitetes kaltes Mittagessen und Getränkeversorgung aus der Thermoskanne verwies.«

e) Effizienz und Vergnügen: An diesem Punkt stimmt der Prospekt insoweit, als es für Madame sehr effizient und vergnüglich ist, gleichzeitig zu kochen, Enkel zu hüten und Geld mit einem Sprachkurs zu verdienen; Bargeld lacht.

f) Bloß daß sich das Finanzamt an der Reise finanziell beteiligt, gibt, neben 600 Mark Minderung, ein Trostpflaster.

## X.

Ohnehin ist Frankreich anfällig für Mängel von Sprachreisen, wie ein weiterer Fall zeigt.[301]

Gebucht ist ein »Hauptkurs«, der Kläger aber zugeteilt einem »Intensivkurs«. Der Veranstalter erklärt dies vergeblich mit Hilfe der Mengenlehre:

»Die Bekl. kann sich bei der von ihr gewählten Prospektbeschreibung nicht darauf berufen, Haupt- und Intensivkurs verhielten sich hinsichtlich Gestaltung und Stoffauswahl wie zwei konzentrische Kreise (wobei auch nicht dargelegt ist, wo der nur auf den Hauptkurs entfallende ›Kreis‹ geblieben ist).«[302]

Weiter sagt der Prospekt:

»Das schriftliche und audio-visuelle Unterrichtsmaterial sowie der Medieneinsatz sind erwachsenengemäß und entsprechen methodisch-didaktischen sowie lernpsychologischen Erfordernissen.«

Gemeint ist: ein Kassettenrecorder.[303]

Der Veranstalter wendet weiters ein: der Kläger habe den Mangel nicht gerügt; § 651 d II BGB. Der Kläger, seinerseits: Dies habe er schuldlos unterlassen; man habe in der Sprachschule nämlich nur Französisch gesprochen. Das Gericht hält die Anzeige eben darum für verzichtbar:

»Es ist sicher nicht der Sinn der Mängelanzeige, gleichzeitig sich im Erlernen der Fremdsprache zu üben.«

---

301 LG Frankfurt, NJW-RR 1990, 760.

302 a. a. O., 761.

303 Zu essen mag es gegeben haben Dialog von Bratkartoffel unter *œuf miroir* an Tranchen von Essiggurke.

## *XI.*

Ein weiterer Fall; ungeeignet als Beitrag zur Völkerfreundschaft.[304]

Geschuldet ist eine Karibik-Kreuzfahrt, wobei laut Prospekt dem Leistungsort, dem Schiff, unter anderem folgende Merkmale eignen:

»Stil, Charme, Atmosphäre – eben das ›gewisse Etwas‹, das der Gast meint, wenn er später mit glänzenden Augen von der A spricht. Die schwimmende Lady aus Griechenland zählt zu jenen Kreuzfahrtschiffen, zu denen man eine persönliche Beziehung entwickelt, auf die man nach den Ausflügen gerne zurückkehrt, von der man wehmütig Abschied nimmt, wenn der letzte Hafen unwiderruflich das Ende einer schönen Kreuzfahrt signalisiert.«

Als Deutscher an Bord gegangen, stellt sich heraus,

»daß von den rund 560 Passagieren des Schiffes 500 auf eine Schweizer Reisegruppe entfielen, deren Reise von einem Schweizer Folkloreverein veranstaltet war. Entsprechend einer Anweisung der Reederei übernahm der Reiseleiter dieses schweizerischen Folklorevereins die Gestaltung des Unterhaltungsprogramms an Bord.«

(Dies alles trägt sich in der Karibik zu.)

## *XII.*

»Nach den vorgelegten Tagesprogrammen waren Folkloregruppen (Schrammelgruppen und Blaskapellen) im Einsatz. Diese Folkloreeinsätze fanden nicht nur in den Sälen und Bars, sondern auch im Freien statt, z. B. an Deck und am Schwimmbad. Die Borddurchsagen über Lautsprecher in den einzelnen Kabinen erfolgten zumindest teilweise in ›Schwyzer Dütsch‹.«

In der Karibik.

---

304 LG Frankfurt, NJW-RR 1987, 951.

## *XIII.*

»Das Unterhaltungsprogramm für einen Tag sah laut Bordzeitung beispielhaft wie folgt aus: 9.30 Uhr Trachtentanz in der Galaxi Disco auf dem Sun Deck, 10.00 Uhr Kapelle Echo vom Toedi beim Schwimmbad, 10.30 Uhr Folklorechoerli in der Galaxi Disco auf dem Sun Deck vorne, 20.15 Uhr Rassige Unterhaltung mit den Dorfspatzen Oberaegi beim Schwimmbad auf dem Jerusalem Deck hinten, 20.15 Uhr Tanz mit der Kapelle Echo vom Toedi im Mayfair Ballsaal auf dem Athens Deck, hinten, 22.00 Uhr Kapelle Hans Muff[305] in der Rendez Vous Bar, 22.00 Uhr Gemütlicher Folkloreabend im Mayfair Ballsaal auf dem Athens Deck.«

## *XIV.*

In der Karibik.

## *XV.*

Es muß an dieser Stelle einmal der Name dessen genannt sein, der all diese Urteile des Landgerichts Frankfurt verfaßt; in dessen Hände vieler Menschen Hoffnung gelegt ist auf Schadensersatz für unwiderbringlich verdorbene Lebenszeit: der Vorsitzende der 24. Zivilkammer, *Otto Tempel*.

Man versuche, sich in seine Lage zu versetzen. Was ihm unterbreitet wird, ist sämtlich Novellenstoff; Sachverhalt, einheitlich nach Ort, Zeit und Handlung: Anreise, Mangelfeststellung, Klimax, Abreise. Wer würde hier nicht zum Dichter werden?

## *XVI.*

»Bei einer Kreuzfahrt kann der Reisende nach der Verkehrssitte erwarten, daß ein umfangreiches Unterhaltungsprogramm in Form von Tanzveranstaltungen, Shows, Unterhaltungsabenden und sonstigen Darbietungen angeboten wird. Dieses Programm hat sich naturgemäß an der Art der Kreuzfahrt auszurichten. Bei einer Kreuzfahrt in die Karibik kann davon ausgegangen

---

305 *Sic.*

werden, daß dieses Programm der Reiseroute angepaßt ist, d. h. Palmen und südamerikanische Rhythmen berücksichtigt.[306]

Soviel steht fest. Wie verhält sich nun das Gebotene, rechtlich, zu der berechtigten Erwartung?

»Damit sind die durchgeführten Folkloreveranstaltungen der Schweizer Gruppen nicht zu vereinbaren. Diese mit Kuhglocken, Blaskapellen, Jodlern, Schweizer Dorfspatzen oder Trachtentänzen angereicherten Programme passen in die Gebirgswelt der Alpen, nicht aber in das Gebiet der Karibik und schon gar nicht auf ein Kreuzfahrtschiff, bei dem der Reisende diesem einseitigen Treiben nicht ausweichen kann.«

Von der dichterischen Komposition her äußerst raffiniert, gelingt dem Gericht ein steigernder Effekt sodann durch Gegenüberstellung der Prospekte, bewirkt durch Zitat aus demjenigen der Volksmusikfreunde:

»Die Garantie, gut betreut, in ungezwungener Atmosphäre zusammen mit Gleichgesinnten immer wieder neue Gebiete zu entdecken und dabei beste Unterhaltung genießen zu dürfen, ist sicher der Hauptgrund, die schönsten Tage des Jahres an Bord des Folkloreschiffes zu verbringen. Meisterhaft und sauber gespielte Volks-Blasmusik sind seit jeher unser Hauptanliegen gewesen. Das garantiert Gemütlichkeit und fröhliches Beisammensein und jenes einzigartige Gefühl, in einer großen Familie geborgen zu sein.«

In der Karibik.

»Die Tatsache, daß den deutschen Gästen dann ein gesonderter Raum mit Bar zur Verfügung gestellt wurde, stellt keine wirksame Abhilfe dar. Dabei kann dahingestellt bleiben, ob dieser Raum ein Fassungsvermögen von 40 oder 80 Sitzplätzen hatte. Vielmehr stellt die Ausgrenzung der deutschen Gäste und ihre Verweisung in einen eigenen Raum eine zusätzliche Beeinträchtigung dar.«

Minderung: 40%. Zumindest im wirklichen Leben löst sich ein Novellenstoff in Beträge auf. Die Literatur bietet Auflösungen schon längst nicht mehr. (Wer verfilmt dies Urteil?)

---

306 a. a. O., 951.

## XVII.

Der Richter Tempel war einst heftig angefeindet; wegen seines Behindertenurteils. Bemerkenswert ist hierbei, daß sich der Unmut am Richter *Tempel* festgemacht hat und seinem Urteil vom 25. 2. 1980,[307] während ein rechtskräftiges Urteil des *Amts*-gerichts Frankfurt vom 8. 12. 1977[308] zwei Jahre unbeachtet blieb – das wesentlich anderes als das Tempelsche nicht enthielt.

## XVIII.

Welchen taktischen Fehler der Landrichter *Tempel* hier begangen hatte, lehrte ihn, im nachhinein, der Verfassungsrichter außer Diensten *Brox*.[309] Er hätte es nämlich nur so machen müssen wie das Amtsgericht zuvor, und aller Ärger wäre ihm erspart geblieben.

## XIX.

Im Fall des Amtsgerichts begehrte der Tourist Minderung, gestützt auf folgende Rügen:

1) Swimming-pool zunächst gar nicht, danach, in der zweiten Urlaubshälfte, täglich von 10 bis 12 und von 16 bis 17 Uhr nicht benutzbar, da für geistig und körperlich Behinderte reserviert, die »des öfteren in das Badewasser erbrachen«.

Dieselben mußten

> »teilweise gefüttert werden und erbrachen mitunter auf den Tisch. Es kam auch vor, daß sie während der Mahlzeiten urinierten.«

2) Lärm aus dem Nachtclub bis nachts 1 oder 2 Uhr. Außenan-

---

307 NJW 1980, 1169.

308 NJW 1980, 1965.

309 NJW 1980, 1939.

lagen des Hotels stark verwildert durch »hüfthohes Gras«, obschon der Prospekt »gepflegte Rasenfläche« anpreist: das »Anlegen von Schuhen« wird notwendig. Frühstückstische stark verschmutzt. Lange Wartezeiten bei den Hauptmahlzeiten.

Das Amtsgericht vermeidet listig, den Behinderten einen konkreten Minderungsbetrag zuzuordnen. Vielmehr sagt es:

»Die von der Kl. vorgetragene Beeinträchtigung ihres Urlaubsgenusses durch den bloßen Anblick von behinderten Menschen kann einen Minderungsanspruch nicht begründen.«

Kommt sodann aber, »unter Abwägung dieser Umstände«, namentlich dem furchtbaren Krach aus dem Nachtclub, dem entsetzlich hüfthohen Gras in Verein mit der unzumutbaren Beschwernis, sich Schuhe überzuziehen, zu einem Minderungsbetrag von 60%. Für den gesamten Urlaub, für den gesamten Reisepreis.

## *XX.*

Nicht so der Richter *Tempel*. Anstatt den Touristen, eingehend, § 139 ZPO, die Wahrheit muß heraus, zu befragen, ob sich nicht dreckige Tische gefunden hätten, laute Nachtclubs, hüfthohes Gras, läuft er dem Kläger in die Falle und läßt sich auf die Diskussion ein, ob schwedische Behinderte den Urlaubsgenuß beeinträchtigen könnten; und begeht den Fehler, hierzu folgendes zu äußern:

»Es ist nicht zu verkennen, daß eine Gruppe von Schwerbehinderten bei empfindsamen Menschen eine Beeinträchtigung des Urlaubsgenusses darstellen kann. Dies gilt jedenfalls, wenn es sich um verunstaltete geistesgestörte Menschen handelt, die keiner Sprache mächtig sind und von denen der eine oder der andere in unregelmäßigem Rhythmus unartikulierte Schreie ausstößt und gelegentlich Tobsuchtsanfälle bekommt. So wünschenswert die Integration von Schwerbehinderten in das normale tägliche Leben ist, kann sie durch einen Reiseveranstalter gegenüber seinen anderen Kunden sicher nicht erzwungen werden. Daß es Leid auf der Welt gibt, ist nicht zu ändern; aber es kann der Kl. nicht verwehrt werden, wenn sie es jedenfalls während des Urlaubs nicht sehen will.«[310]

*Brox* hat ihn, auch was die Mangelannahme betrifft, korrigiert.[311] Er sagt: Mangel ist im Urlaub, was das allgemeine Lebensrisiko übersteigt, und:

»Was zum allgemeinen Lebensrisiko gehört, ist im Rahmen einer Wertung zu bestimmen, bei der auch die ... sozial wünschenswerte Eingliederung Behinderter in die Gesellschaft zu berücksichtigen ist. Zu diesem allgemeinen Lebensrisiko gehört es auch, mit dem Leid von Behinderten in Berührung zu kommen. Damit muß jeder im Alltagsleben und auch im Urlaub rechnen.«

Das sozial Wünschenswerte, die Utopie, erhöht das Lebensrisiko – diesen zeitlos gültigen Gedanken hat der Richter *Tempel* verkannt.

## *XXI.*

Dann kamen unangenehme Dinge über den Richter *Tempel* hereingebrochen; sein Lebensrisiko erhöhte sich durch sozial minder Wünschenswertes:
Die Presse zerreißt ihn. Der Landgerichtspräsident beruft eine Pressekonferenz; der Richter *Tempel* muß darin sein Urteil erläutern. Eine Demonstration mit Behinderten findet statt.[312]
Zwei Monate später erscheint ein Taschenbuch: »Behinderte im Urlaub? – Das Frankfurter Urteil«, mit einer Stellungnahme des schwedischen Behindertenpräsidenten zur Presseerklärung:

310 a. a. O., 1170.

311 NJW 1980, 1939 (1940).

312 Vgl. die Schilderung der Ereignisse in Der Spiegel 1980, Heft 42, S. 42, und OLG Frankfurt, NJW 1981, 2709.

»Ich meine, daß der Richter lügt, wenn er behauptet, daß es hauptsächlich schwer geistig Behinderte waren, das ist eine reine Lüge. Ich weiß nicht, woher er das hat, aber eine Lüge ist es, und das können wir hier in Schweden beweisen.«[313]

Zumindest die Kollegen vom Oberlandesgericht halfen ihm, den Vertrieb des Taschenbuchs im Verfügungsweg verbieten zu lassen. Freunde in der Not / gehen dreie auf ein Lot; § 122 I GVG.

## *XXII.*

Bettenrechtlicher Exkurs.

1) Zwei Ehepaare buchen je ein Doppelzimmer im Schwarzwald. Für zwei Wochen. Reisen nach einer Woche ab: die Betten seien nur 1,90 m lang. Wirt klagt restlichen Mietzins ein; Touristen fordern, widerklagend, das ganze Geld zurück.[314] Klage stattgegeben; Widerklage abgewiesen.

»Die eingeholten Auskünfte bei den Gemeinden des Amtsgerichtsbezirks St. Blasien haben vielmehr ergeben, daß der Anteil der älteren Betten mit nur 1,90 m Länge noch fast genauso groß ist, wie der Anteil der modernen Betten mit 2,00 m...Und wenn das Bild auf dem Hausprospekt den klägerischen Betrieb als typisches ›Landgasthaus‹ im Schwarzwald ausweise, war auch dies ein Indiz dafür, daß eine besonders moderne Ausstattung von den Beklagten nicht erwartet werden konnte.«[315]

2) Mann und Lebensgefährtin buchen Doppelzimmer mit Doppelbett auf Menorca.

---

313 Der Richter Tempel konnte beweisen, woher er das hatte; es war nämlich in seinem Verfahren unstreitig. So erhöht auch § 138 III ZPO das Lebensrisiko.

314 AG St. Blasien, NJW-RR 1988, 1332.

315 a. a. O., 1333.

Im Zimmer vorhanden: zwei separate Einzelbetten, auf »rutschigen Fliesen« stehend.[316]

Ein

»›friedliches und harmonisches Einschlaf- und Beischlaferlebnis‹ sei während der gesamten 14tägigen Urlaubszeit nicht zustande gekommen, weil die Einzelbetten…bei jeder kleinsten Bewegung mittig auseinandergegangen seien.«

In den Rechtsstaat zurückgekehrt, begehren sie 20% Minderung des Reisepreises:

»Die Bekl. bat um Klageabweisung. Sie meinte, die Klage könne nicht ernst gemeint sein.«

## *XXIII.*
## Wenn nichts mehr geht, hilft ein fiktiver Durchschnitt.

»Der Kl. hat nicht näher dargelegt, welche besonderen Beischlafgewohnheiten er hat, die festverbundene Doppelbetten voraussetzen. Dieser Punkt brauchte allerdings nicht aufgeklärt zu werden, denn es kommt hier nicht auf spezielle Gewohnheiten des Kl. an, sondern darauf, ob die Betten für einen durchschnittlichen Reisenden ungeeignet sind. Dies ist nicht der Fall. Dem Gericht sind mehrere allgemein bekannte und übliche Variationen der Ausführung des Beischlafs bekannt, die auf einem einzelnen Bett ausgeübt werden können, und zwar durchaus zur Zufriedenheit aller Beteiligter.«[317]

Und überdies hätte Selbstabhilfe nahegelegen:

»Es hätte nur weniger Handgriffe bedurft und wäre in wenigen Minuten zu erledigen gewesen, die beiden Metallrahmen durch eine feste Schnur zu verbinden. Es mag nun sein, daß der Kl. etwas Derartiges nicht dabei hatte. Eine feste Schnur ist aber für wenig Geld schnell zu besorgen. Bis zur Beschaffung dieser Schnur hätte sich der Kl. beispielsweise seines Hosengürtels bedienen können, dieser wurde in seiner ursprünglichen Funktion in diesem Augenblick sicher nicht benötigt.

Ende des bettenrechtlichen Exkurses.

---

316 AG Mönchengladbach, NJW 1995, 884.

317 a. a. O., 885.

# 7.

## *I.*

Dem Sektor Reise und Erholung nahegelegen, unter dem Aspekt erhöhten Lebensrisikos ebenso anfällig, ist ein Bereich der Tatsachenwelt, den man unter dem *topos* »Gaststätte als Lebensraum« zu betrachten hat.

Die Verwendung der Topik ist unausweichlich, denn die Justiz ist offenkundig nicht imstande, die Erscheinungen dieses Bereichs unter ihre eigene Begrifflichkeit zu fassen. Das Systemdenken versagt.

Kriterien der Interessenjurisprudenz bringen in dies Dunkel ebenfalls kein Licht. Die beteiligten Interessen, Wirt hier, dort Gast, liegen allzuweit auseinander. Der Wirt, nach einem alten Sprichwort, ist der natürliche Feind des Gastes; und Justiz und Gesetz, hochgezüchtete soziale Einrichtungen, sind schon grundsätzlich nicht geeignet, diesen ganz archaischen Konflikt zu versöhnen.

## *II.*

Die Ursache der Unklarheit liegt – wie es scheint – im Gesetz selbst, denn das BGB stellt für die rechtlichen Verhältnisse für die Phase ab Betreten eines Lokals bis zu dessen Verlassen keine passenden Figuren bereit. Der Gast befindet sich gewissermaßen in Schwaden eines Rechtsnebels, der Kauf-, Miet-, Dienst-, Werk- und Verwahrungsvertrag unauflösbar diffundiert enthält.

Die Justiz hat sich diesem Nebel mit allem methodischen Rüstzeug genähert, das ihre Wissenschaft dem Richter an die Hand gibt; indessen durchgehend vergebens.

## III.
## Erstes Beispiel: Versagen des Systemdenkens.[318]

»Die Klägerin ist Inhaberin des Hotels M. in G., es ist eines der führenden Fremdenbeherbergungsbetriebe am Ort. Am 11. 2. 1968 gegen 22.00 Uhr betrat der Beklagte in Begleitung seiner Ehefrau den Gastraum des Hotels und bestellte eine 3/4-Liter-Flasche ›1966er Erbacher Markobrunn Riesling Spätlese‹ zum Preise von DM 18,50. Die Flasche wurde vom Kellner aus dem Weinkeller geholt, der eine Temperatur von ca. 15° hatte, im Sektkübel, in dem Wasser mit Eisstückchen war, wurde der Wein dem Beklagten serviert. Nach dem Probeschluck erklärte der Beklagte dem Kellner, der Wein sei zu warm. Der Kellner holte den Oberkellner, den Zeugen A., auch diesem gegenüber brachte der Beklagte zum Ausdruck, der Wein sei zu warm. Im Verlaufe der Diskussion zwischen dem Beklagten und A. bemerkte der Zeuge: ›Glauben Sie, daß unser Wein im Eisschrank liegt?‹ Daraufhin stand der Beklagte mit seiner Frau auf und verließ das Lokal.«

Klage über 18 Mark 50. Systemdenken tritt in Kraft und scheitert.

Erster Schritt: Bestimmung des Vertragstypus.

»Zwischen den Parteien ist ein sog. Gastaufnahmevertrag zustande gekommen, ein im BGB nicht geregelter Vertragstypus, der in Rechtsprechung und Schrifttum als gemischter Vertrag eigener Art seine Anerkennung gefunden hat... Dieser Vertrag...enthält im wesentlichen die Elemente des Dienst-, evtl. des Werkvertrages, sowie des Kaufvertrages.«

Zweiter Schritt: Konkretisierung der Vertragspflichten, bezogen auf die Flasche.

»Der Beklagte hat mit der Klägerin einen Kaufvertrag über die Lieferung einer 3/4-l-Flasche ›Erbacher Markobrunn Riesling Spätlese, Jahrgang 1966‹ abgeschlossen (§§ 433 ff. BGB).«

Dritter Schritt: Weitere Konkretisierung im Gefüge eben dieser §§ 433 ff. BGB durch Ausschlußverfahren. Der Beklagte hatte behauptet Kauf auf Probe, denn ihm war ein Probierschluck

---

318 AG Garmisch-Partenkirchen, NJW 1969, 608.

zugebilligt. Das Gericht weist auf § 495 I 1 BGB hin: Kauf auf Probe nur, wenn der Käufer die Billigung, nach seinem Belieben, auch dann verweigern kann, wenn die Sache völlig mängelfrei ist.

»Dieser Vertragswille war sicherlich auf seiten der Klägerin nicht vorhanden... Kein Gastwirt oder Hotelier wird dem Gast zubereitete Speisen oder bestellte Getränke mit der Maßgabe verabreichen, daß der Gast diese Waren nach seinem Belieben mit der Folge zurückweisen kann, daß er hierfür auch nichts zu bezahlen hat.«

Also gilt allgemeines Kaufrecht. Damit vierter Schritt: Bestimmung der Beschaffenheitskriterien des Kaufgegenstands.

»Der Beklagte hat einen sog. Gattungskauf getätigt. Er hat nach der Weinkarte bestellt, er hat nicht eine bestimmte, genau bezeichnete Flasche des erwähnten Weins bestellt, sondern nach dem Vorrat aus dem Keller an entsprechenden Weinen dieser Sorte bestellt. Die von der Klägerin zu liefernde Flasche Wein war demnach keine Stückschuld, sondern eine Gattungsschuld. Die Klägerin war verpflichtet, von ihrem Vorrat an entsprechenden Weinen eine Flasche dieser Sorte von mittlerer Art und Güte zu liefern (§ 243 Abs. 1 BGB).«

Fünfter Schritt: Subsumtion.

»Der angebotene Wein entsprach aber den üblichen Qualitäten eines ›1966er Erbacher Markobrunn Riesling Spätlese‹, er war jedenfalls von mittlerer Art und Güte, was auch der Beklagte nicht in Abrede stellt.«

Also war konkretisiert und kaufrechtlich mangelfrei erfüllt. Sechster Schritt: nächstliegender Vertragstyp.

»Unterstellt man seine Behauptung als wahr, der Wein sei mit 20° zu warm serviert worden, so macht der Beklagte keinen Qualitätsmangel, sondern einen Servicemangel geltend; rechtlich gesehen berührt an sich ein Servicemangel den Kaufvertrag nicht. Durch eine Erwärmung auf 20° hätte der Wein nichts von der ihm eigenen Qualität eingebüßt, die Aromastoffe würden nicht oder nicht nennenswert beeinflußt worden sein, wie der Sachverständige zutreffend dargelegt hat.«

Siebter Schritt: Erforschung des wirklichen Willens; denn an dem buchstäblichen Sinn des Ausdrucks darf man nicht kleben (vgl. § 157 BGB). Ergebnis: Es geht um die dienstvertraglichen Elemente.

»Der Beklagte beanstandet in Wirklichkeit den Service im Gastraum der Klägerin: Der Beklagte bemängelt das Servieren des Weißweins im Sektkübel, er rügt die nicht rechtzeitige Abkühlung des Weins vor dem Servieren auf die von ihm vorgestellte Temperatur von ca. 10° und beanstandet weiter die Aufnahme seiner Reklamation durch den Oberkellner, dem er bei der Beantwortung der Beschwerde ›patziges Verhalten‹ vorwirft.«

Achter Schritt: Interpretation des Vorgefallenen im Gefüge der §§ 611 ff. BGB.
Erste Unterabteilung: Rechtliche Stellung des Obers.

»Handlungen des Bedienungspersonals hat der Inhaber des Gasthauses oder Hotels wie eigene Handlungen zu vertreten, soweit sie schuldhaft waren (§ 278 BGB); jedenfalls der Kellner, der den Gast bedient, ist als Erfüllungsgehilfe des Gastwirts anzusehen.«

Zweite Unterabteilung: Verlassen des Lokals ist fristlose Kündigung des Dienstvertrags; § 626 BGB. War sie berechtigt?
Dritte Unterabteilung: Allgemeine Konkretisierung der Dienstpflichten in Gaststätten unter dem Gesichtspunkt des wichtigen Grundes.

»Ob der Service in einem Gasthaus oder Hotel derart mangelhaft ist, daß ein wichtiger Grund anzuerkennen ist, läßt sich nicht allein nach (den) allgemeinen Gesichtspunkten des Dienstvertragsrechtes beurteilen. Es sind auch die besonderen Verhältnisse des Gastaufnahmevertrages wesentlich mit zu berücksichtigen. Grundsätzlich ist zu sagen, daß nicht jeder geringfügige Servicemangel den Gast berechtigen soll, den Gastaufnahmevertrag fristlos zu kündigen mit der Folge, daß er für Speisen und Getränke nichts oder nur ein geringes Entgelt, als ursprünglich vereinbart, zu bezahlen braucht (§§ 433, 628 BGB). Andererseits ist auch in Betracht zu ziehen, daß die Anforderungen an den Service abgestuft sind, und zwar je nach dem ›Zuschnitt‹ des Gasthauses oder Hotels. Der Service in einer Vorstadtkneipe ist ein anderer als der in einem renommierten Hotel.«

Neunter Schritt: Konkretisierung der Dienstpflichten unter Berücksichtigung des Zuschnitts des Hotels der Klägerin.

»Das Hotel der Klägerin hat einen erstklassigen Rang und Ruf; es ist eines der führenden Beherbergungsbetriebe in G. In ihm kann der Gast eine erstklassige Bedienung erwarten, sei es im höflichen Benehmen des Personals, wie auch in der Art und Weise der Zurverfügungstellung der bestellten Speisen und Getränke.«

## Zehnter Schritt: Subsumtion.
## Erste Unterabteilung: Der Kübel.

»Das Gericht folgt dem überzeugenden Gutachten des Sachverständigen, wonach es je nach der persönlichen Einstellung des Weintrinkers beanstandet werden kann, wenn Wein im Sektkübel, der Wasser mit Eisstückchen enthält, serviert wird. Der Beklagte weist zutreffend darauf hin, daß diese Art und Weise der Weinservierung in erstklassig geführten Gastbetrieben nicht üblich ist.«

## Zweite Unterabteilung: Der Wein.

»Das Gericht glaubt dem Beklagten mit seiner Behauptung, daß der Weißwein zu warm serviert worden ist. Mit dem Sachverständigen ist das Gericht der Auffassung, daß Weißweine deutscher Herkunft mit einer Temperatur um 10° serviert werden sollen... Der Zeuge A. hat bekundet, daß im Weinkeller eine Temperatur von ca. 15° geherrscht hat. Damit ist die Behauptung des Beklagten erwiesen, daß der Wein zu warm serviert worden ist.«

## Dritte Unterabteilung: Der Ober.

»Die weitere Beanstandung des Beklagten, der Oberkellner habe auf den Hinweis, der Wein sei zu warm, erwidert: ›Glauben Sie denn, wir haben den Wein im Eisschrank‹, ist erwiesen. Diese unangebrachte Bemerkung ist als weiterer Servicemangel vom Beklagten mit Recht beanstandet worden.«

## Elfter Schritt: Die fristlose Kündigung war berechtigt, gleichzeitig Scheitern des Systemdenkens:

»Die berechtigte Kündigung des Beklagten hat den Gastaufnahmevertrag insoweit beendet, als dieser die Elemente des Dienstvertrags enthielt. Da für den gleichzeitig vorliegenden Kaufvertrag eine fristlose Vertragskündigung gesetzlich nicht vorgesehen ist, wäre an sich der Kaufvertrag durch die Kündigung der Dienste nicht erloschen, ja überhaupt nicht betroffen.«

## Zwölfter Schritt: § 242 BGB. Klage auf 18 Mark 50 abgewiesen.

## IV.

## Zweites Beispiel: Scheitern der Interessenjurisprudenz.[319]

»Die Kl. hielt sich in Gesellschaft zweier Damen aus ihrem Bekanntenkreis in der Gaststätte des Bekl., dem Weinhaus A. auf. Ihren Ozelotmantel hatte sie auf dem freien Stuhl an ihrem Tisch abgelegt. Von dort entfernte ihn der Kellner und hängte ihn wenige Meter von der Kl. entfernt in ihrem Blickfeld an einen Garderobenhaken an der Wand. Der Mantel wurde gestohlen.«

Die Klägerin hatte gegenüber dem Kellner geäußert, sie wolle den Mantel lieber bei sich am Tisch behalten. Der Kellner seinerseits hatte erwidert, »im Weinhaus A. sei noch nie etwas weggekommen«.[320] Klage auf Ersatz des Zeitwerts, 5000 Mark.

## V.

Gegenüber dem schrittweis-logischen Verfahren des Systemgeistes kommt die Interessenjurisprudenz mit leicht überschaubarer Gliederung aus. Wenn das Gesetz einen bestimmten Interessenkonflikt nicht entscheidet, schaut sie danach, wie es einen ähnlichen solchen abgewogen hat.
Erster Punkt: Bestimmung des soziologischen Orts der Interessenkollision durch Anwendung von Erfahrungssätzen.
a) Im gutbürgerlichen Lokal wird weniger gestohlen.

»Andererseits erfordert die gebotene Achtsamkeit auf die Garderobe in einem gutbürgerlichen Weinlokal erfahrungsgemäß nicht, daß der Gast sie ununterbrochen im Auge behält.«[321]

b) Wenn dort doch gestohlen wird, dann eher vom Garderobenhaken.

---

319 BGH, NJW 1980, 1096.

320 a. a. O., 1097.

321 ebd.

»Es bedarf keiner näheren Begründung, daß es leichter ist, einen Mantel vom Garderobenhaken an der Wand einer Gaststätte zu stehlen, als ihn aus der Reichweite der Hand eines Eigentümers von dem neben ihm stehenden Stuhl zu entwenden.«[322]

## Zweiter Punkt: Herausarbeitung der Interessen.

## a) Die des Wirtes.

»Das entsprechende Verlangen des Wirtes hat nicht nur ästhetische, sondern vor allem praktische, durch den Betriebsablauf in einer Gaststätte bedingte Gründe. Würden die Gäste ihre Mäntel und Jacken bei sich behalten, würde dies die Arbeit des Bedienungspersonals erheblich erschweren. Dies gilt insbesondere für die Arbeit in stark besetzten Gasträumen. Hinzu kommt die Gefahr, daß auf Stühlen abgelegte Kleidung beim Vorbeitragen von Speisen und Getränken oder beim Servieren beschmutzt werden könnte. Von Bedeutung ist schließlich, daß dem Wirt die Stühle als Sitzgelegenheit verlorengingen, die zur Ablage von Garderobe in Anspruch genommen werden. All das bedarf keiner näheren Ausführung, weil es sich jedermanns Lebenserfahrung ohne weiteres erschließt.«

## b) Die des Gastes.

»Die Kl. hat durch ihre Bemerkung deutlich gemacht, ihr erscheine das Risiko, den Mantel an einem Garderobenhaken an der Wand aufzuhängen, zu groß... Erkennbar war ferner, daß der Grund für den Wunsch der Kl., den Mantel bei sich am Tisch zu behalten, der beträchtliche Wert des Kleidungsstücks gewesen ist.«

## Dritter Punkt: Gewichtung der Intensität der Interessen; vorliegend nach subjektiven Kriterien:

»Die Kl. hat es ... ohne weiteres geschehen lassen, daß der Kellner den Pelz entfernte. War sie um ihr Eigentum derart besorgt, daß sie meinte, vor fremdem Zugriff nur dadurch wirksam schützen zu können, daß sie den Mantel in greifbarer Nähe behielt, so hätte sie – unter Hinweis auf ihren Beweggrund – darauf bestehen müssen, daß sie den Mantel neben sich auf dem freien Stuhl behalten oder sich, wenn nicht anders, auf den über ihren Stuhl gebreiteten Mantel setzen dürfe.«

---

322 Vgl. die freirechtliche Entscheidung RGZ 99, 232 (234), wonach die Gerichte »vor der juristischen Konstruktion die Wirklichkeiten des Lebens und die Macht der Tatsachen zu berücksichtigen« hätten.

Ergebnis der Interessenabwägung:

»Wäre diesem Wunsche nicht entsprochen worden, so hätte sie, wenn sie das erhöhte Risiko nicht eingehen wollte, das Weinhaus A. verlassen müssen.«

### *VI.*

Das leuchtet ein. Der Gast will Bekannte treffen, der Wirt will ein Geschäft machen, und die Interessenjurisprudenz gibt bekannt, hierzu müsse man im Zweifel das Lokal verlassen.[323]

### *VII.*

Dem Richter im Gaststättenfall, Gesetz und strenge Methode helfen ihm nicht, bleibt die Topik. Er hat es hier einerseits leicht. Was immer sich an *topoi* findet, Beliebiges, das als Grund herhalten kann, darf er methodisch zulässigerweise entscheidungstragend verwenden.

Andererseits ist der Richter, dem andere Autorität nicht zur Seite steht als ein aufgelesener topos, den Einwendungen anderer Topiker schutzlos ausgeliefert. Die Richtigkeitsgewähr von Begriffssystem und Interessenlehre ist aufgehoben. In der Topik hat jeder recht, der einen Grund vorweisen kann.

Zwei Beispiele haben diesen Zustand deutlich gemacht; Beispiele, die Justiz und kommentierender Wissenschaft Anlaß gaben zu wechselseitiger Bankrotterklärung.

### *VIII.*

Erstes Beispiel: ein Fall, bekannt geworden unter dem Stichwort »Schnecke im Salat«.[324]

---

323 *Heck* hat dies bekanntlich den »denkenden Gehorsam« des Richters gegenüber dem Gesetz genannt, AcP 112 (1914), 1 (20).

324 AG Burgwedel, NJW 1986, 2647.

»Die Kl. betreiben ein französisches Restaurant. Der Bekl. (Dr. Ing.) hatte für sich und seine Gattin am 4. 10. 1985 einen Tisch reservieren lassen. Er bestellte Speisen und Getränke im Gesamtwert von 152 DM. Während des Essens ist im Salat, der der Ehefrau des Bekl. gereicht wurde, eine Schnecke entdeckt worden. Der Bekl. hat daraufhin mit seiner Gattin, ohne zu bezahlen, das Lokal verlassen. Die Kl. begehren Zahlung von 142 DM (152 DM Rechnungsbetrag abzüglich eines Abschlags von 10 DM für den Salat).«

In Höhe von 86 Mark erfolgreich – dem Preis derjenigen Speisen und Getränke, die bis zum Verlassen des Lokals bereits verzehrt waren. Ein »Kupferkessel« sowie ein »Kalbsmedaillon«, bestellt, geliefert, aber nicht verzehrt, bleiben ohne Berechnung.

Der Gang der topischen Bearbeitung:
*Erster topos:* Kaufvertrag über Speisen und Getränke über 152 Mark.
*Zweiter topos:* Unzumutbarkeit, wegen »Ekel« und »Widerwillen«, nach Auffinden der Schnecke weiter zu essen. Unter-topos: Die Unzumutbarkeit ist vom Kläger verursacht worden, da er die Schnecke bei genügender Säuberung hätte entfernen müssen.
*Dritter topos:* Rückwirkende Minderung, ein »Abschlag wegen entgangenen Genußgewinns«, ist nicht gerechtfertigt.

## *IX.*

Prof. *Ernst Wolf*, Marburg, ein Topiker mit anderem Standort, weist zu diesem Urteil auf folgendes hin:[325]
Es hat sich nicht um Kauf gehandelt, sondern um Werklieferung, und zwar

»eine im einzelnen vom Beklagten auszuwählende, nach dem Inhalt der Vereinbarung nicht teilbare Gesamtleistung (Menue)«.

---

325 NJW 1987, 821; Überschrift: »Besorgniserregende Fehler in amtsgerichtlichen Urteilen«.

Der Besteller kann bei Mängeln dieser Leistung »nach §§ 462, 459, 651 BGB« Wandlung oder Minderung verlangen, es sei denn, §§ 351, 467 BGB, er hätte Untergang oder wesentliche Verschlechterung des empfangenen Gegenstandes zu vertreten. Dies ist der Fall, denn zum Zeitpunkt der Entdeckung der Schnecke waren wesentliche Teile des Menüs bereits verzehrt. Die Wandlung ist also ausgeschlossen.
Minderung entfällt, denn der Gast hat durch das Verlassen des Lokals erklärt, daß er überhaupt nichts bezahlen wolle.
Nach § 459 BGB kommt es weder auf Verursachung noch auf Unzumutbarkeit an,

»ein ›Verursachen‹ einer ›Unzumutbarkeit‹ oder eine ›Unzumutbarkeit, die die Kläger zu vertreten haben‹, ist eine Kombination von Ungereimtheiten«.

## X.

Der Vorsitzende Richter am KG *Tilen Freckmann,* der dritte Topiker, sein Ort ist das Bereicherungsrecht, weist seinerseits *Wolf* auf folgendes hin:[326]

»Leider enthalten aber die Lösungshinweise von Wolf zu dem ... Fall der ›Schnecke im Salat‹ einen nach meinem Empfinden[327] unbegreiflichen Fehler, zu dem ich nicht schweigen kann.«

Über § 467 BGB gilt § 351 BGB. Verschuldeter Untergang im Sinne dieser Vorschrift meint Verschulden gegen sich selbst; Unachtsamkeit in eigenen Angelegenheiten.

»Inwiefern haben aber der Beklagte und seine Frau sich in ihren eigenen Angelegenheiten unachtsam verhalten, wenn sie genau das getan haben, was sie nach dem mit dem Kläger geschlossenen Bewirtungsvertrag tun sollten, nämlich die ihnen servierten Teile des Menüs alsbald zu verspeisen? Wie hätten sich denn der Beklagte und seine Frau verhalten sollen, um einen

326 NJW 1987, 3113.

327 In der Topik ist Empfindung ein Logik-Surrogat: »Die Wahrheit, wie ich sie empfinde«.

möglichen Schuldvorwurf i. S. des § 351 BGB zu vermeiden? Meint Wolf etwa, ein Gast müsse sich erst das ganze Menü zeigen lassen und auf seine Mangelfreiheit prüfen, bevor er mit dem Verspeisen des ersten Ganges beginnt?«

*Freckmann* steuert als Lösung vielmehr das Empfinden bei, die Anmutung, daß

»trotz der Verweisung in § 467 BGB wegen der bereits verzehrten Teile des Menüs nicht § 347 BGB mit seiner Verweisung auf die strenge Haftung nach § 989 BGB, sondern Bereicherungsrecht, insbesondere also § 818 BGB anzuwenden war. Hier war zu prüfen, ob der Gast durch das Verzehren der ersten Gänge des Menüs überhaupt noch bereichert war und welchen Wert diese Bereicherung gegebenenfalls hatte.«

Dies wird, letzter topos, eine Frage der Verdauung sein.

## *XI.*

Zweites Beispiel, diskutiert unter dem Stichwort »Rauchverbot«.[328]

»Der Bekl. hatte telefonisch ein Zimmer im Hotel des Kl. für eine Nacht gebucht, nachdem er zuvor ebenfalls dort für denselben Abend einen Tisch für sich und eine weitere Person hatte reservieren lassen. Am Abend des Anreisetags betrat der Bekl. Pfeife rauchend das Lokal des Kl. und bestellte für sich und seine Begleiterin jeweils eine ›kalte Ente‹ als Aperitif, die ihm auch serviert wurden. Noch vor der Bestellung des eigentlichen Abendessens wurde der Bekl. seitens des Geschäftsführers des Kl. darauf hingewiesen, daß das Pfeiferauchen wegen der damit verbundenen Beeinträchtigung der anderen, den Speisen und erlesenen Weinen hingegebenen Gäste unerwünscht sei. Da der Bekl. als passionierter Pfeifenraucher auf seinen Genuß nicht verzichten wollte, verließ er, ohne die Rechnung zu begleichen, das Lokal und verbrachte den weiteren Abend an einem anderen Ort, wo er aß und auch übernachtete. Der Kl. macht den Übernachtungspreis und den Preis für den Aperitif geltend.«

Erster topos:[329] Es gibt einen Vertrag, fragt sich nur, ob er

328 AG Breisach, NJW 1987, 2647.

329 a. a. O., 2648.

aufgehoben wurde. Möglich ist Rücktritt nach § 325 I 2 oder 326 I BGB. Allerdings bewirkt das Rauchverbot keine Unmöglichkeit der Leistung des Klägers. Es hemmt weder den Verzehr des Aperitifs noch die Übernachtung.

## *XII.*

Zweiter topos: »Unzumutbarkeit des weiteren Festhaltens am Vertrag gem. § 242 BGB«. Die Topik nimmt nun folgenden Gang:

1) Womöglich liegt Verletzung einer Nebenpflicht vor, § 242 BGB, dahingehend, daß bei Reservierung auf das Rauchverbot hinzuweisen war.

2) Aufklärungspflicht setzt voraus, daß der fragliche Umstand für den anderen Teil erkennbar von Bedeutung ist.

3) Das Rauchen ist

»als solches verbreitet, vielleicht sogar in Gaststätten als üblich anzusehen. Das Pfeiferauchen hingegen ist sehr viel seltener; es erscheint fraglich, ob der Gastwirt bei jeder Reservierung auf ein das Pfeiferauchen betreffendes Verbot hinzuweisen hätte.«

4) Risikoverteilung:

»Aber insoweit war die telefonische Reservierung von Tisch und Zimmer eben ein Risiko, das vom Beklagten zu tragen ist – das Verbot des Pfeiferauchens war für alle Gäste mit dem Besuch des Lokals verbunden. Die Reservierung allein aufgrund der Empfehlung des Reiseführers erfolge sozusagen ›auf eigene Gefahr‹ des Kl.«

Der Klage wird stattgegeben mit folgenden topoi: Zum einen ist Pfeiferauchen selten, zum andern reserviert man auf eigene Gefahr.

## *XIII.*

Prof. *Ernst Wolf* hat sich auch dieses Sachverhalts angenommen und nähert sich wiederum von anderen topoi her.[330] Wenn man in Gaststätten üblicherweise rauchen darf, darf man auch Pfeife rauchen. Dann ist der Vertrag mit dem Inhalt zustande gekommen, daß man Pfeife rauchen darf. Durch das Verbot macht der Kläger Erfüllung der Beköstigungsschuld unmöglich, was dem Gast ein Rücktrittsrecht gibt aus § 325 I BGB, stillschweigend ausgeübt durch Verlassen des Lokals. Er schuldet aber Schadensersatz nach §§ 989, 347, 346 für die kalte Ente – »in Höhe des Einkaufspreises«.

Oder aber:
Wenn das Pfeiferauchen nicht üblich ist, handelt es sich um ein Schuldverhältnis ohne Berechtigung, Pfeife zu rauchen. Da der Beklagte dies nicht wußte, kann er seine Erklärungen bei Reservierung wegen Irrtums anfechten. Die Anfechtung hat er durch Verlassen des Lokals erklärt. Für die kalte Ente schuldet er höchstens aus § 122 BGB etwas, doch steht dessen Absatz 2 entgegen. Der Wirt wußte ums Rauchverbot und hat den Gast sehenden Auges, heimtückisch, kalte Ente bestellen lassen.

## *XIV.*

Diese topoi sind, wie keinem Zweifel unterliegt, von gleicher Qualität wie die amtsgerichtlichen. Und wiederum bestätigt sich, daß die Phase vom Betreten eines Lokals bis zum Verlassen desselben ein rechtloser, archaischer, ein Urzustand ist, vor dem eine Justiz mit hochdifferenzierter Zivilrechtskodifikation nebst assoziierter Wissenschaft kapituliert.

---

330 NJW 1987, 821 f.

## XV.

Was der Justiz hier weiterhelfen könnte, wäre reflektierte Anwendung des vorwissenschaftlichen, des analogen Denkens, wie *Fichte* es in der Wissenschaftslehre skizziert hat.

Der Justiz ist dies Verfahren ja nicht unbekannt; sie benutzt – etwa im Wettbewerbsrecht – das Konstrukt des flüchtigen Durchschnittsbetrachters. Ähnliche Sichtweise wäre auch zur Bearbeitung von Gastronomiefällen angeraten; und die Justiz vollzieht diesen theoretisch fast unausweichlichen Schritt der Annäherung von Gegenstand und Methode, wohl instinktiv, in Einzelfällen auch mit beachtlichen Ergebnissen.[331]

Gebucht ist Übernachtung mit Frühstücksbüfett. Auf dem Frühstückstisch findet sich ein Zettel, daß gekochte Eier beim Ober zu bestellen seien, ebenso wie, Befragen ergibt es, Orangensaft.

»Die Familie des Beklagten bediente sich am Büfett und bestellte am Tisch bei der Bedienung am 27. 3. 1988 zwei Orangensaft und vier gekochte Eier sowie ein Kännchen Kaffee und am 28. 3. 1988 zwei Orangensaft und ein gekochtes Ei.«

War dies im Frühstück eingeschlossen? Es kommt zum Streit. Klage auf 23 Mark 80.

Kläger behauptet: es habe eine Frühstückskarte ausgelegen, aus der sich ergebe, daß extra zu zahlen sei. Auslegung der Frühstückskarte ergibt, daß aus ihr »nur durch längeres Suchen die konkrete Ausgestaltung des Frühstücks zu erkennen ist«.

Auf der Grundlage dieser Sachverhaltsmomente setzt das Gericht als methodisches Instrument nun das Fichtesche vorwissenschaftliche Denken ein: das analoge Erfassen einer Frühstückssituation, die unstrukturierte Wahrnehmung. Diese

331 AG Cuxhaven, NJW-RR 1988, 1332.

Wahrnehmung wird sprachlich getreu auf folgende Sätze abgebildet:

»Mehr als ein flüchtiges Studium der Frühstückskarte kann von einem Frühstücksgast in einem Haus, das den Anspruch erhebt, ein gepflegtes zu sein, nicht erwartet werden. Insbesondere ist von ihm mit Recht zu erwarten, daß er sich mit Rücksicht auf die später kommenden Gäste nicht ungebührlich lange am Frühstücksbüfett aufhält, nicht zu verlangen, daß er eine ins einzelne gehende, Nachdenken erfordernde Auslegung der Frühstückskarte vornimmt. Die sich hieraus ergebenden Unklarheiten gehen entsprechend dem Rechtsgedanken des § 3 AGB-Gesetz (Überraschungsklausel) und dem § 5 AGB-Gesetz (Unklarheitenregel) zu Lasten des Kl.«

Klage abgewiesen.

## *XVI.*

Welchen Stellenwert in diesem Bereich der bloße Anschein hat, zeigt sich auch an gewissen Erleichterungen der Beweisführung durch Urkunden.[332]

»Der Kl. betreibt seit Anfang des Jahres 1987 eine Gaststätte in L. Die Bekl. sind die Eltern und gesetzlichen Erben des am 2. 7. 1987 verstorbenen K, der in dem Lokal des Kl. verkehrte. Der Kl. begehrt von den Bekl. Begleichung noch ausstehender Trinkschulden ihres Sohnes von Ende Mai 1987 bis Juni 1987. Er behauptet, die von K bestellten Getränke seien auf verschiedenen Bierdeckeln festgehalten worden. 6 Getränkedeckel seien noch nicht beglichen, woraus sich die hier klageweise geltend gemachte Forderung (302 DM) ergebe.«

Beklagte bestreiten mit Nichtwissen. Vergeblich, denn die Deckel schaffen eine »tatsächliche Vermutung«, die gestützt wird durch die »allgemeine Gepflogenheit in Gaststätten«:

»Dort ist es nämlich durchaus üblich, Deckel in der hier vorgelegten Form zu fertigen, um damit den Verzehr eines Kunden zu dokumentieren. Auch ist es keinesfalls üblich, diese Deckel vom Kunden unterschreiben zu lassen bzw. mit einem Datum zu versehen. Vielmehr entspricht es der Gewohnheit, wenn einem guten Kunden die Forderung aus dem Deckel gestundet wird...«

---

332 AG Saarbrücken, NJW-RR 1988, 948.

– übrigens ein wertpapierrechtlich und prozessual interessanter Gedanke: Für Forderungen aus einem Deckel werden de lege ferenda Deckelprotest (»Deckel vorgelegt und nicht bezahlt«) und Deckelprozeß (§ 605 b n. F. ZPO) installiert –

»...daß die Deckel gesammelt und nach und nach, sobald es dem Kunden möglich ist, beglichen werden.«

## *XVII.*

Nur zur Abrundung sei hingewiesen auf die Situation, daß ein als »loup de mer« von 650 Gramm bestellter Fisch für 48 Mark vom Besteller zwar verzehrt wird, dieser sich aber mit der Behauptung zu zahlen weigert, es habe sich um eine tranig schmeckende magere Brasse von 300 Gramm gehandelt. Der Klage auf die 48 Mark wird stattgegeben.[333] Das Gericht nutzt in dieser Entscheidung übrigens die Möglichkeit, auf Korrespondenz zu verweisen, weiträumig wie folgt:

»Die weiteren Details der Fischmahlzeit und ihrer unerfreulichen Folgen kann man ergänzend aus den gewechselten Schriftsätzen nebst den beigefügten Materialien, insgesamt aus dem Bemühen von vier mit dieser Sache befaßten Rechtsanwälten entnehmen.«

## *XVIII.*

An dem vorrechtlichen Zustand, einem Faustrecht gleich, ändern diese Sottisen nichts. Doch wenigstens haben sich einige der maßgeblichen Befugnisse und Kampfesregeln durch eine Entscheidung des BayObLG geklärt.[334]

Ausgangslage wie gehabt: Es bestellt jemand Gänsebrust für 16 Mark. Die gelieferte Portion rügt er als zu klein, steht auf und schickt sich an, das Lokal zu verlassen. In Breisach, Gie-

---

333 AG Gießen, NJW-RR 1988, 442.

334 NJW 1991, 934.

ßen, Burgwedel a. a. O. geschieht dergleichen ungehindert. In Bayern stellt sich dem Gast eine Kellnerin in den Weg.

»Ihr war daran gelegen, den Preis für die servierte Gänsebrust zu erhalten. Der Angekl., der nichts bezahlen...wollte, ging weiter auf die Terrassentüre zu. Er schlug sein Herrentäschchen in das Gesicht der Zeugin S., um diese zu veranlassen, von der Türe wegzugehen und ihm den Weg freizumachen. Frau S. erlitt dadurch Schmerzen. Sie gab aber ihren Standplatz nicht auf. Nunmehr packte der Angekl. die Zeugin mit den Händen an den Schultern und stieß sie gegen eine neben der Tür angebrachte schmiedeeiserne Garderobe«;

Schädelprellung, Bluterguß, und dies alles gänzlich straflos. Denn der Gast hat einen Quantitätsmangel der Gänsebrust nach §§ 459 ff. BGB gerügt. Der Kellnerin stand ihrerseits kein Selbsthilferecht zur Seite, denn ihr ging es unzulässigerweise um endgültige Befriedigung des behaupteten Kaufpreisanspruchs, nicht nur um vorläufige Sicherung.[335] Zumindest im Strafrecht gehen solche Fälle auf – mit rechtsethisch zufriedenstellendem Ergebnis und ohne methodischen Rest.

## XIX.

Bisweilen auch dort, wo das Zivilrecht ans Strafrecht grenzt; §§ 123 und 823 II BGB.

Klagen die Wirte nicht aus Deckeln, vgl. soeben, klagen sie aus Schecks – notgedrungen, weil man üblicherweise Bargeld in Höhe solcher Zechen nicht bei sich zu führen pflegt.[336]

»Der Bekl. bestellte in einem Barbetrieb mehrmals ›Sekt‹. Geliefert wurde ihm jeweils Schaumwein. Die Flaschen waren auf dem Etikett als ›Obstschaumwein‹ gekennzeichnet. Auf den Rechnungsbetrag von 6450 DM stellte der Bekl. einen Scheck aus.«

---

335 Fröhliche Urständ feiert hier der Moos-raus-Fall, BGHSt 17, 87.

336 OLG Saarbrücken, NJW-RR 1989, 1211. Es sind immer Schecks: OLG Hamm, NJW-RR 1986, 547: 7200 Mark; BGH, NJW 1980, 1742: 4203, 4110 und 275 Mark. Oder fast immer, LG Hamburg, WM 1973, 1427: Hier hatte der Barbesitzer Wechselformulare bereitgehalten.

Daß der Obstschaumwein derart teuer ist, erläutert der Kläger hierbei durch die »von dem Kontakt mit Bardamen ausgehenden Annehmlichkeiten«; und § 138 BGB wird nur deshalb nicht akut, weil sich ein kaufrechtlicher Aspekt findet: arglistige Täuschung des Beklagten über den Alkoholgehalt. Wer Sekt bestellt, hat Anspruch auf 10% Alkohol gemäß »Art. 10 EWG-VO 358/79«; Obstschaumwein hingegen hat, neben den »nicht zu bestreitenden Wert- und Geschmacksunterschieden«, deren bloß 3,5 und:

»Daß der Alkoholgehalt bei Geschäften der in Rede stehenden Art als für den Vertragsabschluß wesentliche Tatsache angesehen werden muß, unterliegt für den Senat ebensowenig einem Zweifel wie die Erkenntnis, daß derjenige, der bereit ist, für eine Flasche Sekt in einer Bar 250 DM zu zahlen, diesen Preis nicht für eine Flasche alkoholarmen Obstschaumwein entrichten würde.«

Die Annahme, daß man Sekttrinkens halber in den Puff gehe, ehrt den Senat, doch wird der Eindruck der Unschuld relativiert durch Offenbarung von Fachkenntnis zum wirtschaftlichen Hintergrund:

»Durch die Belieferung mit einem Obstschaumwein mit geringem Alkoholgehalt wollte sie (Klägerin; Verf.) offensichtlich erreichen, daß der Kunde möglichst lange ›konsumfähig‹ blieb, um sich so zumindest die Chance auf größere Umsätze mit dem Kunden zu eröffnen.«

Überdies braucht der Beklagte auch für den Obstschaumwein nichts zu bezahlen, da er insoweit entreichert ist, § 818 III BGB.

## XX.

Womöglich sollte man in der Tat *Rabes* Vorschlag aufgreifen, als weitere Tochter der NJW eine »Neue Zeitschrift für Essen und Recht (NZER)« zu gründen: dann bleiben die Spalten der NJW für eventuell wichtigere Beiträge freigehalten.[337]

---

337 NJW 1988, 2584 (2585 l. Sp. und 2586 r. Sp.).

# 8.

## I.

Geht man, mit den üblichen Erklärungsansätzen, davon aus, Komik entstehe beim Eintreten des Unerwarteten, des Unangemessenen, so beruhte die Komik in den oben behandelten Bereichen auf der prinzipiellen Unzulänglichkeit des juristischen Apparats, der Hölzernheit seiner Begriffe, gegenüber hohen Dingen wie Kunst und Religion oder gegenüber lebensbunt Irrealem wie Handelsbräuchen und Erholungskriterien. Sie entsteht hier aus der Inadäquanz von juristischem Instrument und lebensweltlichem Gegenstand. Sie entsteht aus Konstellationen der Sache selbst.

Von diesem Grundsatz gibt es eine Ausnahme. Komik, das Unangemessene und Unerwartete, ereignet sich als Phänomen der Justiztätigkeit auch endemisch, nicht sachlich, sondern räumlich begrenzt. Sie ereignet sich in diesen räumlichen Grenzen kraft einer bestimmten Disposition der Beteiligten, sowohl der Rechtsunterworfenen als auch des Justizpersonals, und diese Disposition soll hier zusammengefaßt werden unter dem Begriff des *Rheinischen.*

## II.

Hier hat sich im Lauf der Zeit ein inhaltlicher Wechsel vollzogen. Das Rheinische besaß, zumal für Leute, die in Preußen im Gefängnis saßen, einstmals hohe Attraktivität.

Anfang 1819 setzte die preußische Regierung einen Senat des Kammergerichts als »Königlich Preussische Immediat Untersuchungs Commission« ein, versehen mit allen Befugnissen eines Inquisitionsgerichts, zur Verfolgung staatsfeindlicher Umtriebe, namentlich des Turnvater Jahn und seiner Genossen. In einigen Verfahren der Kommission war Berichterstatter der Kammergerichtsrat E. T. A. Hoffmann – was man sich ungefähr so vorzustellen hat, als wenn Günter Grass als Ermittlungsrichter des BGH aufträte. Gleichviel. Die Kommission ließ zunächst etliche Beteiligte verhaften, darunter einen Studenten Mühlenfels aus Köln. Dessen erstes und wesentlichstes Bestreben war, der Jurisdiktion des Kammergerichts zu entkommen, und hierzu gab er dem Berichterstatter ins Protokoll:

»Ich kann hier, selbst bei der größesten Gewissenhaftigkeit und Aufrichtigkeit, bei der Untersuchung Zwangsmaaßregeln ausgesetzt seyn, die mich nach Rheinischer Gerichtsverfassung unter keiner Bedingung treffen können.«[338]

Diese Ausgangslage hat sich fortgesetzt, allerdings mit umgekehrten Vorzeichen. Zum einen hat die Berliner Justiz den damaligen Angeklagten, entgegen dem Verfahren neueren Datums in Sachen Honecker, nicht hergegeben. Zum andern ist man nunmehr im Rheinland Zwangsmaßnahmen ausgesetzt, die man unter preußischer Gerichtsverfassung nimmermehr zu erwarten hätte.[339]

## *III.*

In einer Privatklagesache scheitert mehrfach der Termin, da der Angeklagte nicht erscheint. Auch der Vorführung und dem Amtsarzt entzieht er sich. Als er in einem weiteren Termin wiederum fehlt, verkündet der Amtsrichter:

»Ort der nächsten Verhandlung ist die Wohnung des Angeklagten.«

Der Beschluß wird dem Angeklagten zugestellt. Zum Terminstag versammelt sich alles Geladene beim Angeklagten vor der Tür. Dieser öffnet auf längeres Klopfen und Klingeln nicht. Das Gericht verkündet:

»1. Die Sache wird auf unbestimmte Zeit vertagt.
2. Gegen den Angeklagten wird eine Ordnungsstrafe in Höhe von DM 400.– festgesetzt. Außerdem hat er die Kosten des Termins zu tragen.«

---

338 *E. T. A. Hoffmann*, Juristische Arbeiten. S. 262.

339 OLG Düsseldorf, MDR 1969, 689.

Der Angeklagte seinerseits erhebt »Einspruch« gegen das »spektakuläre Vorgehen vor seiner Wohnungstür« sowie gegen das Ordnungsgeld.
Der Amtsrichter interpretiert
1) den Einspruch als sofortige Beschwerde,
2) seinen eigenen Beschluß als solchen nach § 178 GVG. Der Angeklagte habe sich einer Ungebühr schuldig gemacht, denn er habe das Gericht vor der Tür warten lassen. Der Beschwerde hilft er nicht ab.
Das OLG indessen schon. § 178 GVG setzt voraus, so der Senat, daß sich die Ungebühr »in der Sitzung« ereigne. Nun sei aber dem Gericht der Sitzungsraum versperrt geblieben:

»Da der Angekl. sich am 20. 1. 1969 noch nicht ›vor Gericht‹ und das Gericht sich noch nicht ›in der Sitzung‹ befand, war für die verhängte Ordnungsstrafe im buchstäblichen Sinne des Wortes kein Raum.«

## *IV.*

Für den rheinischen Menschen, der mit Sitzungskarneval groß geworden ist, muß es dicker kommen, bevor er Ungebühr nach § 178 GVG annimmt.
»Lachen, gekünsteltes Husten, Rauchen, Beifallklatschen, Rufe, Gedränge zum Richtertisch und tumultartiges Geschrei« geben Anlaß zu bloßen Verwarnungen.[340] Ordnungsmittel werden erst fällig, wenn der Betroffene sich den Symbolen anderen, süddeutschen, Brauchtums zuwendet, sich nämlich beim Eintreten des Gerichts zunächst nicht erhebt, dann aber aufsteht und dem Gericht die Kehrseite zuwendet. Preis der Darbietung: fünf Tage Ordnungshaft, sofort vollstreckt. Der Betroffene hätte Strüßcher werfen können oder Kamelle, es wäre ihm gewiß nichts geschehen.

---

340 OLG Köln, NJW 1985, 446.

Preis dafür, vor dem Amtsgericht in »kurzer, schmutziger Hose« zu erscheinen: hundert Mark.[341]

»Daß er wie er erklärt hat – von der Arbeit kam, ist kein solcher (sc. einleuchtender; Verf.) Grund. Es ist nicht ersichtlich, daß er sich nicht vor dem Termin zumindest mit einer in ordentlichem Zustand befindlichen *sauberen* Hose hätte bekleiden können.«[342]

Preis dafür, als Angeklagter verhandlungsunfähig betrunken, nicht ansprechbar und schreiend in der Hauptverhandlung zu erscheinen: fünfzig Mark.[343]

Umsonst hingegen:
1) Die mehrfache Benutzung des Wortes »Scheißgesetz« in einer Familiensache:[344]

»Vielmehr ging es dem ASt. allein darum, in – wenn auch derber Weise – seine Empfindungen über die ihm unverständliche und von ihm nicht akzeptierte Gesetzeslage zum Ausdruck zu bringen. Dies zeigt der Umstand, daß er ausweislich des Protokolls die Formulierung ›Scheißgesetz‹ im Anschluß an seine Feststellung gebrauchte, er finde es schlimm, daß die Tage für die Ehezeit mal zurück- und mal vorverlegt würden.«[345]

2) Die Bezeichnung des Prozeßgegners als »Strolch«.[346]

---

341 OLG Düsseldorf, NJW 1986, 1505.

342 a. a. O., 1506.

343 OLG Düsseldorf, NJW 1989, 241.

344 OLG Düsseldorf, NJW 1986, 2516.

345 Zweifelhaft, ob irgendein anderer Begriff das Gefüge der §§ 1587 a ff. BGB nebst VAHRG und VAwMG und Barwertverordnung deckend bezeichnen kann.

346 OLG Köln, NJW 1986, 2515.

*V.*

Dieser Menschenschlag, der unter französischer Besatzung in Sachen Camouflage vieles lernen mußte, arbeitet, wenn es darauf ankommt, mit Listigkeit und Mutterwitz. So im Fall eines Ordinarius der Universität Köln in seinem einsamen Kampf gegen streikende Studenten im Jahre 1968.[347]

»In der Nacht zu Donnerstag, dem 30. 5. 1968, wurde der Haupteingang der Universität K. durch Hindernisse aus Balken, Bohlen, Brettern und Stangen verbarrikadiert. Über dem Haupteingang wurde mit roter Farbe in großen Buchstaben die Aufschrift ›Rosa-Luxemburg-Universität‹ angebracht.«

Am nächsten Morgen versammeln sich Hunderte von Studenten vor dem Haupteingang und bilden die aus dem Straßengesetz bekannten erregt diskutierenden Grüppchen. Der Professor nun

»...hatte am Donnerstagmorgen bereits gegen 9 Uhr fernmündlich erfahren, daß im Hinblick auf eine Anordnung des Innenministers des Landes Nordrhein-Westfalen nicht mit einem Einschreiten der Polizei zu rechnen war. Da er es für unzumutbar hielt, die Universität durch Nebeneingänge zu betreten, entschloß er sich, den Versuch zu unternehmen, die Barrikaden auf andere Weise zu beseitigen.

Der Beklagte zog sich alte Kleidungsstücke an, kaufte eine Lötlampe und begab sich zur Universität. Dort versuchte er, das Holz der Barrikaden in Brand zu setzen, damit die Feuerwehr auf den Plan gerufen und veranlaßt werde, die Hindernisse zu beseitigen. Dieses Vorhaben mißlang jedoch...Inzwischen waren der Kultusminister des Landes Nordrhein-Westfalen, der Rektor und einige Professoren der Universität K. im Hauptgebäude (der Universität) zusammengetreten, um zu beraten, welche Maßnahmen ergriffen werden sollten. Der Beklagte wurde zu dieser Beratung hinzugebeten. Verschiedene Vorschläge wurden erörtert und wieder verworfen. Einer der anwesenden Professoren meinte, es könnte doch genügen, ›wenn die Inschrift Rosa-Luxemburg-Universität in irgendeiner Weise ausgelöscht werde‹. Hierauf erwiderte der Beklagte, ›er werde das Auslöschen der Inschrift auf seine eigene Kappe nehmen‹. Dann ›verabschiedete er sich vom Rektor mit Handschlag‹ und verließ die Universität.

---

347 OLG Köln, NJW 1970, 1322.

Er nahm sich ein Taxi, kaufte Plastikbeutel ein, ließ acht davon in einem Geschäft mit schwarzer Farbe füllen und kehrte zur Universität zurück. Zwei der gefüllten Farbbeutel ließ er vom Taxifahrer hinter einem Baum des ›Professoren-Parkplatzes‹ an der Universität ablegen. Die übrigen sechs befanden sich in der mitgebrachten Einkaufstasche, mit der er sodann – ›zunächst unerkannt‹ – durch die wartende Menge der Studenten hindurch auf das Hauptportal zuging. Ungefähr 20 m vor dem Haupteingang ›setzte der Beklagte zu einem Sprint an, griff in die Tasche und warf den ersten Beutel gegen die Inschrift, desgleichen unmittelbar danach den zweiten Beutel‹. Ehe er von Studenten ergriffen und überwältigt werden konnte, schleuderte er auch noch die Einkaufstasche mit den restlichen Farbbeuteln gegen die Mauer.

Die Farbbeutel zerplatzten, bespritzten die Umstehenden und zerflossen auf dem Boden. Der Kläger (einer der Studenten; Verf.) nahm plötzlich schwarze, teerige Flecken auf seiner Kleidung wahr. Ehe er die Ursache der Verschmutzung erkannt hatte, rutschte er auf dem glitschig gewordenen Boden aus und stürzte hin.«[348]

Sodann das Übliche: Trümmerfraktur der linken Kniescheibe, Krankenhausaufenthalt (im Universitätsklinikum), Gehgips, Schmerzensgeldklage; und das Haftungsprivileg des § 839 BGB scheidet für den Professor aus, da er sich ausweislich seiner alten Kleidung[349] nicht im Dienst befunden[350] hat und im übrigen ja dem Rektor versichert hatte, alles auf die eigene Kappe zu nehmen.

## *VI.*

Man sieht, wie lange der Karneval in Köln dauern kann; vorliegend bis Ende Mai.

---

348 a. a. O., 1323.

349 a. a. O., 1324: »Er gedachte nicht mit Ansehen und Würde der Persönlichkeit eines bekannten Forschers und Lehrers vor die Studenten zu treten, sondern ging wie ein Attentäter vor.«

350 a. a. O., 1324: »Für unorthodoxes Gebaren dieser Art den Fiskus und damit letztlich die Allgemeinheit aufkommen zu lassen, kann nicht erwünscht sein.«

Für die Kernzeiten des Karnevals, die Zeit vom 11. 11. bis Aschermittwoch[351] und namentlich die Altweiberfastnacht, gilt dreierlei.
Erstens: Die Verkehrssicherungspflichten der Wirte werden, da seitens der Justiz die gesamte Population als durchgehend besoffen vorausgesetzt wird, erheblich erhöht. Zweitens: Mit gewissen Beeinträchtigungen, Eingriffen in Rechtsgüter des § 823 I BGB, muß die Bevölkerung rechnen; das allgemeine Lebensrisiko außerhalb der Gaststätten erhöht sich. Drittens: In Rechtssachen, deren Klaggrund in die Karnevalszeit fällt, müssen die Beteiligten Modalitäten der justitiellen Bearbeitung hinnehmen, die mit dem Leitbild des § 313 ZPO nichts mehr zu tun haben.

## *VII.*

Zu 1).

»Der Kl. benutzte in der Nacht von 4. auf den 5. 1. 1986 in der Gaststätte der Bekl. die Toilette, deren Brille verschmutzt war, und zwar entweder mit ätzendem Toilettenreiniger in Form eines weißen Pulvers oder in Verbindung dieses Toilettenreinigers mit feuchtflüssigem Kot. Er erlitt an den Oberschenkeln und am Gesäß Verbrennungen 3. Grades…«.[352]

Der Wirt meint: überwiegendes Eigenverschulden. Das Landgericht gibt ihm recht und weist die Klage ab. Das Oberlandesgericht hingegen:

»Daß die – von dem Kl. nach seiner Behauptung nicht wahrgenommene – Aufschrift auf der Dose nicht ausreichte, um diese Gefahr zu beseitigen, liegt auf der Hand: Abgesehen davon, daß nicht alle Gäste der Bekl. die deutsche Sprache beherrschen müssen, mußte diese auch mit erheblichen Auswirkungen des in ihrer Gaststätte konsumierten Alkohols bei den Gästen und Benut-

---

351 Der Fachanwalt für Steuerrecht würde sagen: 11. 11. 01 bis Aschermittwoch 02.

352 OLG Köln, NJW-RR 1987, 1111 (sic).

zern der Toilette rechnen. Daß alkoholisierte Gäste in der Karnevalszeit vor Benutzung eines vermeintlich harmlosen Toilettenreinigers nicht dessen Gebrauchsanweisung lesen, bedarf keiner näheren Erläuterung.«[353]

Ähnlich, wenn jemand an Weiberfastnacht in der Kneipe die rutschige Treppe hinunterfällt.[354] Und der Schutz des Gesetzes erstreckt sich im Einzelfall auch auf den Bereich draußen vor der Gaststätte, etwa den Parkplatz. Organisiert ein Wirt in der Nacht von Karnevalsdienstag auf Aschermittwoch eine »Nubbelverbrennung«, so haftet er verschärft.[355]

»Der ›Nubbel‹, auch ›Zacheies‹ oder ›Peijaz‹ genannt, ist eine mit Stroh ausgestopfte Puppe. Er stellt eine Symbolfigur der Kirmes oder Fastnacht dar. Der ›Nubbel‹ wird in Köln, wo erst etwa um 1950 bei der Kirmesfeier der Pfarrei St. Severin eine Puppe öffentlich aufgestellt und in Anlehnung an den landkölnischen, ripuarischen ›Zacheies‹ ›Nubbel‹ genannt worden ist, zu Beginn der Fastnachtszeit an vielen Gaststätten angebracht und in der Nacht zu Aschermittwoch feierlich auf einem Scheiterhaufen verbrannt. Ein ›Prediger‹ hält heute eine Leichenrede und die Teilnehmer tragen brennende Kerzen.«

Bei Gelegenheit derartiger Veranstaltung wird ein vor der Gaststätte stehendes Fahrzeug beschädigt. Beitrag des beklagten Wirtepaars: Es hat einen Nubbel aufgehängt, einen Prediger organisiert und Kerzen verteilt. Es hat damit eine Gefahrenquelle für das Fahrzeug geschaffen.

»Aus Sicht der Bekl. bestand deshalb auch Grund zu der Besorgnis, daß auf die vor der Gaststätte geparkten Fahrzeuge nicht genügend Rücksicht genom-

---

353 Das Mitverschulden ist für das OLG »eher geringer, weil das weiße Pulver auf der Brille schlecht zu sehen gewesen sein mag und der Kl. sich bei aller karnevalsbedingter Sorglosigkeit darauf verlassen durfte, daß sich auf der Brille allenfalls Verschmutzungen finden würden, die bei Berührung mit der Haut keine derartigen Verätzungen hervorriefen«.

354 OLG Köln, NJW-RR 1993, 350.

355 LG Köln, NJW-RR 1991, 799.

men wird und es zu Beschädigungen kommt, zumal manche Zuschauer immer wieder, insbesondere bei zunehmender Alkoholisierung, die gebotene Rücksicht gegenüber fremdem Eigentum vermissen lassen.«

## *VIII.*

Zu 2).

»Am 18. 2. 1985 – Rosenmontag – befand sich der Bekl. auf einem Wagen eines Karnevalszuges im Rheinland und warf dabei Tulpen in die Zuschauermenge. Unter den Zuschauern befand sich die Kl. Die Kl. behauptet, sie sei beim Vorbeifahren des mit dem Bekl. besetzten Wagens vom Bekl. mit einer zu einem ›eisharten Geschoß erfrorenen Tulpe‹ gezielt in Richtung ihres Kopfes beworfen worden.«

Ergebnis, wie üblich, man kennt es als Jurist nicht anders: Augenverletzung, »dauerhafte Glaskörpertrübung«, Amtsgericht, Schmerzensgeldklage.[356] Zum Grunde ist alles bestritten; es werden Zeugen zu den Tulpen gehört:

»Gegen die Behauptung, die Tulpe sei gefroren gewesen, sprechen die Aussagen der Zeugen L und H, die den Bekl. auf dem Karnevalswagen begleitet haben und die gefrorenen Blumen durchweg als ›welk‹ und ›schlapp‹ geschildert haben.«[357]

Unabhängig hiervon hätte sich aus anderen Gründen kein Anspruch ergeben:

»Sozial übliches, allgemein geduldetes, anerkanntes und sogar gefördertes Verhalten wie das Werfen kleiner, nicht grundsätzlich gefährlicher Gegenstände von einem Karnevalszug in die Zuschauermenge ist erlaubt. Die hiervon ausgehenden Gefahren sind nämlich relativ gering, diese Art der Vergnügung gehört zu altem rheinischem Brauchtum und schließlich kann sich jeder Zuschauer wirksam dagegen schützen, indem er …«

---

356 AG Eschweiler, NJW-RR 1986, 576.

357 a. a. O., 577.

(Es folgen Ausführungen der Sparte »Das Amtsgericht rät / Karneval: Tips, Tricks und Gefahren«).[358]

Und nur wenige Kilometer räumlicher Distanz zum rheinischen Kriegsgeschehen haben einen Geschäftsmann davor gerettet, die Hälfte seiner Krawatte entschädigungslos einem Reisebüro opfern zu müssen:[359]

»Am 26. 2. 1987, dem Tag, an dem nach karnevalistischer Tradition die sogenannte ›Weiberfastnacht‹ gefeiert wird, betrat der Kl. das Reisebüro im Einkaufszentrum. Der Kl. war äußerst gepflegt gekleidet und trug eine Krawatte. Er wollte danach bei der Firma X eine Verabredung mit einem Vertreter einer holländischen Firma wegen des Abschlusses einer Transportversicherung wahrnehmen. Als der Kl. das Reisebüro betreten hatte, trat die Bekl. auf ihn zu und schnitt, ohne den Kl. zu fragen, ihm die Krawatte ab. Hierin hatte der Kl. nicht eingewilligt.«

Die Bekl. zahlt in Essen 40 Mark für die Krawatte, doch kann es überhaupt keinem Zweifel unterliegen, daß der Kläger keine zwanzig Kilometer weiter südwestlich mit seiner Klage abgewiesen worden wäre; denn im Rheinland ist man es selbst in Schuld, wenn man an Altweiber mit intakter Krawatte herumläuft, die man nicht zu derelinquieren bereit ist.

## *IX.*

Von ähnlicher Unberechenbarkeit ist die rheinische Auslegung des § 313 ZPO.

Die Gesetzeslage ist eindeutig. Absatz 1 fordert, vom Tatbestand, den wesentlichen Inhalt der Angriffs- und Verteidigungsmittel; sie sollen »knapp dargestellt« werden. Absatz 3 fordert von den Gründen »kurze Zusammenfassung«[360] der

---

358 ebd.

359 AG Essen, NJW 1989, 399.

360 *Schneider* nennt dies einen »nicht mehr steigerungsfähigen Superlativ«; JuS 1978, 335.

Erwägungen, auf denen die Entscheidung in tatsächlicher und rechtlicher Hinsicht beruht.[361]
Kürze und Knappheit sollen also das Urteil prägen.

X.

Diese Vorgabe ist wandlungsfähig, denn hinsichtlich der Prozeßnormen gilt nicht nur der allgemeine Auslegungskanon, vielmehr, wie *Vollkommer* sagt, ergänzend:

»Besonderheiten ergeben sich aus der Eigenart des Prozeßrechts. Prozeßrecht ist Zweckmäßigkeitsrecht; es dient der Verwirklichung des materiellen Rechts.«[362]

Womöglich gibt es, im Rheinland endemisch, Zwecke neben diesem Zweck. Womöglich dient dort ohnehin alles, was nicht der Sphäre des Privaten eindeutig zugehört, dem materiellrechtlichen Grundsatz »Einigkeit und Recht auf Frohsinn / sind des Glückes Unterpfand«, also auch – und wegen der Öffentlichkeit des Verfahrens in besonderem Maße – die Justiz. Einem Grundsatz mit der Wirkung einer Staatszielbestimmung, der alle staatliche Gewalt darauf verpflichtet, bei jeglicher Machtausübung auf größtmöglichen Frohsinn bedacht zu sein.

---

361 Der BGH hat einmal ein bayerisches Landgericht darauf hingewiesen, man möge sich doch bitte des im übrigen Deutschland üblichen Musters der Konjunktion bedienen: »Es genügt, die tateinheitlich begangenen Gesetzesverletzungen mit den Worten ›in Tateinheit mit … und mit …‹ anzuschließen und bei Tatmehrheit lediglich das Wort ›und‹ oder das Wort ›sowie‹ zu verwenden, wie es in den übrigen Teilen des Bundesgebietes (außer Bayern) üblich ist«; BGH, MDR 1985, 1043 (1044).

362 *Zöller*, Einleitung, Rdnr. 92.

## XI.

## Erste Beobachtung: Frohsinn eines Tatbestands.[363]

Eine Spedition wird mit Transport eines Zirkusschweins von Pforzheim nach Speyer betraut. Das Schwein frißt im Fahrzeug Teile des Holzbodens. Mehrere Monate später soll es von Mulhouse nach Straßburg gefahren werden.

»Eingedenk seiner Gefräßigkeit verfrachtete die Kl. das Schwein in einen Transport mit besonders hartem Holzbodenbelag, um dann beim Entladen die gleiche ›Schweinerei‹ wie beim ersten Transport feststellen zu müssen: der Boden hatte der Gefräßigkeit nicht standgehalten. Kosten für die Erneuerung des Bodens: ca. 8000 DM. Aller guten Dinge sind drei! Mitte Januar 1991 erhielt die Kl. wieder den Auftrag, Tiere des Moskauer Staatszirkus zu transportieren… Unter den zu befördernden Tieren war erneut das gefürchtete Zirkusschwein. Um die Gefräßigkeit des Schweins vom Wagenboden abzulenken, brachte die Kl. eine Spanplatte mit viel Sägespänen auf dem Wagenboden auf. Sie scheint dabei jedoch nicht den richtigen Geschmack des Zirkusschweins getroffen zu haben…«,

alles vergeblich; Boden erneut gefressen; Klage auf Schadensersatz wegen dreier Holzböden indessen abgewiesen. Den Kläger wird hierbei die heitere Form der Darstellung über den Schmerz, auf dem Schaden und Kosten zweier Instanzen sitzenzubleiben, durchaus hinwegtrösten.

## XII.

## Zweite Beobachtung: Frohsinn von Gründen.

Das Diktat volkstümlicher Machtausübung setzt sich in die eigentlich juristische Arbeit fort: die Begründung.
Mehrere Urteile rheinischer, namentlich Kölner Gerichte bekräftigen diese Hypothese.
Sie befassen sich entweder mit Verkehrsunfall allein[364] oder

363 OLG Düsseldorf, NJW 1995, 891.

364 AG Köln, MDR 1994, 354.

mit Verkehrsunfall und Bier[365] oder mit Verkehrsunfall und Karneval.[366] Die Lektüre dieser Urteile unter Berücksichtigung des § 313 III ZPO ergibt: Eine kurze Zusammenfassung der tatsächlichen und rechtlichen Erwägungen, auf denen die Entscheidung beruht, ist in Köln offenbar ausgeschlossen.

## *XIII.*

Die Neigung zur Ausführlichkeit kann mehrere Ursachen haben.

Zum einen, daß die äußerste Komplexität der tatsächlichen Erscheinungen Bier und Karneval andere Darstellung nicht zuläßt; daß der Sachverhalt durch eine kurze Zusammenfassung rechtlich nicht zu erschöpfen ist.

Zum andern, daß rheinischen Urteilen, neben dem Zweck der Schaffung von Rechtskraft inter partes, womöglich auch identitätsstiftende Funktion zukommt; daß sie dazu gedacht sind, den rheinischen Zusammenhalt durch Besinnung auf das Brauchtum des Stammes zu fördern. Dies wäre ganz im Sinne der historischen Rechtsschule – vorhandenes Volksgut lebendig zu erhalten als Quelle der Rechtsschöpfung.

Dritte Möglichkeit: So, wie sich der rheinische Sitzungskarneval einst etablierte als Verhöhnung der französischen Besatzer durch uniformiert-verkleidetes Volk, so spottet die rheinische Justiz der Pandektenwissenschaft und ihrer Ergebnisse durch verkleidete Anwendung des BGB. Sie benutzt germanisches Recht im Gewand römisch-rechtlicher Paragraphen.

Die wegweisende Entscheidung, das sogenannte Bierkutscher-Urteil, zeigt die Methode.[367]

---

365 AG Köln, NJW 1986, 1266.

366 LG Köln, NJW 1987, 1421 und das dort ausführlich zitierte erstinstanzliche Urteil des Amtsgerichts Köln.

367 AG Köln, NJW 1986, 1266.

*XIV.*

Es stellt jemand sein Auto vor einer Gaststätte ab. Das Auto wird beschädigt durch Huftritte eines Brauereigauls, der einer Pferdekutsche mit leeren Fässern vorgespannt ist, die ganzjährig für eine Privatbrauerei Werbens halber durch die Stadt gefahren wird.

Ansprüche aus dem StVG scheiden aus, § 1 II StVG; Tierhalterhaftung indessen greift, § 833 BGB (schon das römische Recht, dasjenige der ganz früheren Besatzer, gewährte, bekanntlich, die actio noxalis). Also muß die Brauerei 1950 Mark Schaden ersetzen. Mehr als dies ist zur sachgerechten Bearbeitung des Falles nach BGB nicht erforderlich.

*XV.*

Nicht so nach gemeinem Recht und Kölner Brauch.

Unbestreitbar gelten BGB und StVG. Doch kann einem Kölner Gericht niemand verbieten, mit den Paragraphen genauso umzugehen wie ein Elfer-Rat mit den Riten der französischen Besatzungsmacht: umständlich klaubend, gleichzeitig mit gespieltem harmlos-kindlichem Ernst.

*XVI.*

Der methodische Ansatz hierzu ist aus der »Feuerzangenbowle« bekannt. Der Lehrer *Bommel* hat ihn geprägt.

Erster Schritt. Was ist überhaupt, rechtlich, ein Pferdefuhrwerk? Da stelle mer ons janz dumm. Und da sahre mer so:

»Ein Pferdefuhrwerk, das zweifelsfrei nicht zu den ›Rodelschlitten, Kinderwagen, Rollern und ähnlichen Fortbewegungsmitteln‹ gehört, ist zwar ein richtiges Fahrzeug im Sinne der Straßenverkehrsordnung (§ 24 I StVO).«

Und überdies sahre mer so:

»Es wird jedoch trotz einiger PS nicht durch Maschinenkraft bewegt, so daß ihm rechtlich die Anerkennung als vollwertiges Kraftfahrzeug versagt ist (§ 1 II StVG).«

Statt der römisch-rechtlichen Kategorien wird die deutschrechtliche Differenzierung »richtig«, im Gegensatz zu »vollwertig«, verwendet. Das Ergebnis, ganz im Sinne der historischen Rechtsschule, ist denkbar größte Volkstümlichkeit und Verständlichkeit der Begriffe.

## *XVII.*

## Zweiter Schritt. Tierhalterhaftung; gemeinrechtlich erfaßt.

»Das Pferd, rechtlich für sich betrachtet, ist nämlich ein Haustier, auch wenn es am Straßenverkehr teilnimmt und nicht zu Hause wohnt.«

Nun sieht das BGB, § 833 Satz 2 BGB, eine Ausnahme für Tiere vor, die zum Berufe dienen. Diese Klippe wird durch eine deutschrechtlich-wirtschaftliche Erwägung betreffend die Pferde umschifft:

»Wie der Angestellte der Bekl. Z bekundet hat, dienen sie nämlich lediglich der Reklame, indem sie leere Bierfässer herumfahren, was dem Umsatz nicht gerade förderlich ist. Die Pferde der Bekl. sind daher rechtlich ein liebenswerter Luxus, der wie vieles andere zum Kölner Lokalkolorit gehört.«

Dieser Gedanke ist Ausdruck echten, ursprünglichen Volkstums. Reklame, bewirkt durch Umherfahren leerer Bierfässer, fördert den Umsatz nicht, dient demnach selbstverständlich auch nicht der Erwerbstätigkeit des Tierhalters. (Ein Gedanke noch aus der Zeit, bevor *Tacitus* über die Germanen schrieb: *»Iam et pecuniam accipere docuimus.«)*[368]

Weiterer Gesichtspunkt: Mit dem Huftritt hat sich die typische Tiergefahr realisiert, wie sie das BGB in einer dem germanischen Recht nicht nachvollziehbaren Weise verlangt:

»Daß sich auch Menschen ab und zu so verhalten (vgl. dazu das Holzweg-Urteil des erkennenden Gerichts vom 4. 12. 1981 – 266 C 284/81 –, Brigitte,

---

368 Germania, S. 25; der Schlußsatz des 15. Kapitels.

Nr. 18 vom 29. 4. 1982...), ist unerheblich, weil es hier auf die Unberechenbarkeit tierischen Verhaltens ankommt. Unberechenbar ist aber alles, auf was man sich leider nicht verlassen kann.«

(Dies Wörtchen »leider« ist es beispielshalber, was germanisches Rechtsgut vor der kalten Begrifflichkeit der Digesten auszeichnet.)

## *XVIII.*

Damit ist abgehakt, was das BGB als Tatbestandsvoraussetzungen für die Haftung fordert. Diese kühl-abstrakte Betrachtung wird indessen dem Sachverhalt auch nicht annähernd gerecht.

Der Volksgeist in Person des Gerichts zieht weitere Rechtsquellen heran, nämlich
die Filmgeschichte,[369]
die Sammlung deutscher Sprichwörter von *Simrock*,[370]
das Telefonbuch von Köln,[371]

---

369 »Die Pferde sind auch am 31. 1. 1984 pünktlich um 12.00 Uhr (›High Noon‹) vor der Postschänke zur Attacke angeritten, um das dort befindliche Auto des Klägers einzutreten...«

370 Passim. Auswahl:
– »2 Pferde, ein Kutscher, 4 Bestien«,
– »Nimmt Gewohnheit überhand, kommt sie über all das Land«,
– »Wer weiter will als sein Pferd, der sitze ab und gehe zu Fuß«,
– »Wenn die Kutscher besoffen sind, laufen die Pferde am besten«.

371 »Der Werbespruch der Beklagten zielt vielmehr schon vom Wortlaut her imperativ darauf ab, daß ein Mensch namens ›Bester‹ ihr Gebräu trinken soll. In diesem Zusammenhang hat das Gericht es allerdings noch nie recht verstanden, weshalb die Bekl. ihre Werbung auf den Familiennamen ›Bester‹ beschränkt, von dem im 1104 Seiten umfassenden Telefonbuch für Köln nur 4 Männer, aber keine einzige Frau verzeichnet sind (vgl. Telefonbuch 11 der DBP, 1984, S. 93, 2. Sp. v. rechts).«

aber auch die Werke von *Heinz Erhardt*,[372] *Eugen Roth*,[373] *Ludwig Thoma*[374] sowie, zwischendurch[375] und abschließend,[376] eigene Rechtsdichtungen, Altertümern gleich.

## *XIX.*

Spätere Entscheidungen vertieften und strafften[377] dies Muster anhand eines durch zwei Instanzen prozessierten Unfalls.[378]

Am »Weiberfastnachtstage«, dem 1. 3. 1984, biegt in Köln ein Kleinbus von der linken Fahrspur aus nach rechts ab und rammt dabei ein schwarzes Auto japanischen Fabrikats, das in gleicher Richtung auf der rechten Spur gerade anfährt. Klage des Kleinbushalters auf neunzehnhundert Mark.
Den Fall lösen §§ 7 IV, 9 I 2 StVO: gefährdender Fahrspurwechsel, verkehrswidriges Abbiegen; Klage abgewiesen. Deutsch-

---

372 Mehrfach zu Hornvieh.

373 Dto.: »Der Stier bemüht sich nicht wie Du / oft hoffnungslos um eine Kuh«.

374 Zitiert mit einer »Konferenz ›sämtlicher zivilisierter Nationen Europas, sowie Bayerns‹«.

375 – »Malzbier ist besser als Schäksbier.«

– »Das Sesterpferd heißt Sesterpferd /
weil's in die Südstadt sich verfährt«.

376 »Es war ein Mond nach Sylvester / da stapften die Pferde vom Sester / verwirrt durch des Kutschers Menkenke / im Süden von Schenke zu Schenke: / Der trank nämlich Kaffee statt Sester. / Der Regen ward zwischendurch fester / die Pferdehaut folglich durchnäßter / weshalb dann das Pferd mit den Pfoten / ein Auto, das dastand, getroten / Wer ruft da: Tritt fester mein Bester?!«

377 Es wird statt achtmal nur noch zweimal *Simrock* zitiert.

378 AG und LG Köln, NJW 1987, 1421.

rechtlichen Einschlag erhält der Fall durch dem StVG gänzlich nebensächliche Umstände. Sie betreffen Tatzeit und Beteiligte. Tatzeit ist *Wieverfastelovend*. Beteiligt im Kleinbus: die Fahrerin und vier Mitglieder der Karnevalsgesellschaft »Treue Husaren«. Beteiligt auf seiten des »schwarzen Japaners«: ein Mädchen. Dies führt erstinstanzlich zur Anwendung von Tages-Sonderprivatrecht.

»Die Treuen Husaren G, K, M und W haben zwar in historisch bewährter Einmütigkeit der Bekl. die Schuld in die Schuhe geschoben, obwohl diese ein Mädchen war und damit schon nach Cöllnischem Recht an Wieverfastelovend, dem vom Gastwirtsgewerbe tüchtig geförderten Vorkarneval, die Vorhand und das Recht hatte.«[379]

Dem Kleinbus stand indessen keinerlei Sonderrecht zur Seite:

»Sich links einzuordnen, um dann überraschend nach rechts abzubiegen, ist aber im Kölner Stadtgebiet selbst Fahrern aus GL oder EU nur bei Tieffliegerangriffen erlaubt.«

## XX.

Das Landgericht bestätigt diese Auffassung und fügt folgende Rechtsquellen bei:

»›Durch zweier Zeugen Mund wird allerwärts die Wahrheit kund‹, die auch der gelernte Jurist Goethe seinem Mephistopheles Frau Marthe Schwerdtlein gegenüber in den Mund legt«;

hieraus gefolgert der gemeinrechtliche

»Umkehrschluß…, daß den Aussagen von mehr als zwei Zeugen nicht notwendigerweise ein gleicher oder gar größerer Wahrheitsgehalt zukommt.«

Weitere Rechtsquelle ist die Bibel.

»›Viele gaben falsch Zeugnis, aber ihr Zeugnis stimmte nicht überein (Markus 14, 56), wobei sich die Kammer vor der Annahme hütet, die übrigen Zeugen hätten falsch ausgesagt, denn es heißt in 2. Mose 20, 16 (beifällig wiederholt in

379 a. a. O., 1422.

5. Mose 5, 20): ›Du sollst kein falsch Zeugnis reden wider deinen Nächsten‹, und außer einander dürfte den Zeugen die Bekl. zu 1 örtlich am nächsten gewesen sein.«

Auch sind die Treuen Husaren nicht von vornherein unglaubwürdig, nur weil *Wieverfastelovend* ist:

»Es ist nämlich gerichtsbekannt, daß – abweichend von der Überzeugung mancher Nicht-Rheinländer – Karneval in Köln eine todernste Sache ist, dies keineswegs leichtgenommen werden darf (es sei in diesem Zusammenhang daran erinnert, daß, unter beträchtlicher sittlicher Entrüstung, das Tanzmariechen L – der Name ist dem Gericht bekannt – nicht mehr beim Tanzcorps ihre Beine schwingen durfte, nachdem ruchbar geworden war, daß sie diese und andere Körperteile in unbekleidetem Zustand hatte ablichten und die Bilder in einem horribile dictu, Kalender verbreiten lassen).«

Vielmehr gelten tatsächliche Vermutungen betreffend eine Busfahrt an *Wieverfastelovend*:

»Bei derlei Gelegenheiten nämlich pflegt man – das ist einer der Zwecke der Fahrt – Alkohol zu sich zu nehmen und sich munter zu unterhalten und zu verlustieren. Die Aufmerksamkeit ist dann zwangsläufig nicht mehr so recht auf das Verkehrsgeschehen gerichtet, das vorn und seitlich eher wie eine Art Panorama abrollt, ohne tiefer ins Bewußtsein zu dringen.«

## *XXI.*

Nach deutschrechtlicher, bildhaft-plastischer Auffassung rollt Verkehrsgeschehen also gleich einem Panorama ab, vorn und seitlich. Ähnlich allegorisch gesehen entspricht der Verkehrsprozeß einem Fußballspiel.[380]

Der Sachverhalt ist wiederum einfach: eine Werksausfahrt kreuzt einen Radweg; in beide Richtungen sind versehentlich Zeichen 205, Vorfahrt gewähren, aufgestellt. Es kommt zum Unfall. Die Lösung nach StVG und StVO ist ebenfalls nicht schwer: unklare Verkehrslage; halbe-halbe.

---

380 AG Köln, MDR 1994, 354.

## *XXII.*

Germanisches Rechtsdenken muß demgegenüber zahlreiche Analogien bemühen.

Erstes Bild, es dient zur sinnfälligen Verstärkung des Ausgangskonflikts.[381] Was wäre, wenn statt der beiden Zeichen 205 zwei rote Ampeln vorhanden gewesen wären? (Eigenheit der Volksrechte: daß den Rechtsgenossen jeder Konflikt einsichtig zu machen ist durch aussagekräftige Metaphern.)

»Wenn dort Ampeln aufgestellt gewesen wären, dann hätten sie beide rot gezeigt. Denn das ist die perfekte Signalisation im Sinne rot-grüner Mehrheiten, die die finale und totale Verkehrsberuhigung auf ihre Fahnen geschrieben haben und die ihr Wesen so lange treiben, bis das Geld alle ist oder die Wähler die Nase gestrichen voll haben. Denn:
›*Sie regieren uns als Penner,*
*weil für sie wir Ampelmänner.*‹«

Zweites Bild, es gibt das Programm für die folgende Bearbeitung.

»Die Anzahl der Zeugen darf ... rechtlich nicht mit der Anzahl der Tore verwechselt werden, die in einem Fußballspiel fallen (vgl. dazu: ›Herr RA, wieviel Zeugen brauchen wir?‹ oder auch die ständigen Kleinanzeigen im Kölner Express: ›Unfallzeugen gesucht, hohe Belohnung!‹). Letztlich entscheidet nämlich immer noch der Schiedsrichter, ob ein Tor gefallen ist oder nicht.«

Das Gericht führt sodann Parität der beteiligten Lager hinsichtlich der Zeugen und Eideshelfer herbei:

»Im übrigen wäre hier ein etwaiger Beifahrer des Klägers aus Gründen der Fairneß zu streichen, weil der Beklagte als Radfahrer aus Rechtsgründen einen solchen nicht mitfahren lassen durfte (§ 21 III StVO).«

Es folgt nun, als Vorbereitung für die eigentlich germanische Lösung des Falles, eine Periode volkstümlicher Verhöhnung und Verspottung der Pandektenwissenschaften:

---

381 a. a. O., 355.

»Nach der alten römischen Rechtsregel ›signa sunt servanda‹ hätte hier jeder die Vorfahrt des anderen zu achten gehabt. Denn: ›signum retinet signatum‹ (das Zeichen hält das Bezeichnete fest). Bei der Auslegung ist allerdings gem. § 133 BGB ›der wirkliche Wille zu erforschen und nicht an dem buchstäblichen Sinne des Schildes zu haften‹.«

Die deutschrechtliche Lösung selbst, prozessual in Halbzeiten aufgeteilt und, materiellrechtlich, Punkte aus einer Flensburger Tabelle als Treffer verteilend, ist unter dem Gesichtspunkt dieser Untersuchung nicht von Belang. (Im Ergebnis findet das Gericht:

»Wenn ... die restliche Betriebsgefährlichkeit des Autos mit zwei Toren zugunsten des Beklagten bewertet wird, dann wäre das eigentlich genug, so daß es schließlich 9 zu 8 für den Kläger stünde.«

Der Kläger, der nur die Hälfte seines Schadens einklagt, hat sich aber von vornherein mit einem Unentschieden zufrieden gegeben. Damit kann dem Beklagten vom Schiedsrichter großzügigerweise wegen Fouls im Kreuzungsraum noch ein Elfmeter zugebilligt werden. Damit steht es schließlich 9 zu 9, und das Spiel hat mit einem glatten Unentschieden geendet.«)[382]

## *XXIII.*

(Man erwäge, was uns erspart geblieben ist dadurch, daß sich *Dernburg* und *Windscheid* gegen die Germanisten durchsetzen konnten.)

382 a. a. O., 356; auf die Wiedergabe des abschließenden Reimwerks wird hier ebenfalls verzichtet. Zur Annahme hälftigen Mitverschuldens, ohne Analogie zum Fußballspiel, gelangt auch das Amtsgericht Ratingen in dem Fall, daß ein Toilettenhäuschen bei Sturm auf ein Auto fällt. Denn der Fahrzeughalter muß wissen, daß solche Häuschen nicht mit dem Boden verankert sind (NJW-RR 1991, 741).

## *XXIV.*

Das Volkstümliche wird im rheinischen Rechtskreis auch entscheidungstragend anläßlich von Fällen, die andernorts die Erheblichkeitsschwelle kaum überwänden. Es bringt etwa eine Klägerin vor,[383]

»der Bekl. zu 2 sei mit seinem bei der Bekl. zu 1 versicherten Kraftfahrzeug an ihr vorbei durch eine Pfütze gefahren, so daß sie, die auf dem Bürgersteig gestanden habe, von oben bis unten mit Schmutzwasser besudelt worden sei. Infolgedessen habe sie sich geekelt. Ihre Schmerzensgeldklage hatte Erfolg.«

Zweihundertfünfzig Mark.

»Das Wasser der Pfütze war dreckig. Bei der Kl. wurde insbesondere das Gesicht besudelt. Die Kl. hat hierzu informatorisch glaubhaft erklärt, das Ganze sei gewesen, wie wenn ihr ein Eimer Wasser über den Kopf geschüttet worden wäre, sie habe mitten im Examen gestanden und das Ganze habe ihr gerade noch gefehlt. Sie habe sich richtig geekelt.«

(Welche Erwerbsquelle eröffnet dies Urteil an Regentagen für einen zum Ekel disponierten Rheinländer; welche volkswirtschaftliche Umverteilung bewirkt hier das schlichte Stattfinden von Wetter und Verkehr. Ein gerechter Ausgleich. Wenn schon der BGH das versicherte Volk nicht teilhaben lassen will an den stillen Reserven der Gesellschaften, so gewährt das Amtsgericht Köln jedem Interessierten Zugang zu Versicherungsgeld auf eine bequem zu realisierende Weise.)

## *XXV.*

Von rheinischer Auslegung der Prozeßnormen war oben schon die Rede. Lokale Besonderheiten stellt man auch fest bei Anwendung der Prozeßgrundsätze.

Oberster Zweck des Prozesses ist, das materielle Recht zur

---

383 AG Köln, NJW 1980, 645.

Geltung zu bringen. Dies führt zum Gebot »materiellrechtsfreundlicher Auslegung«.[384]

Dieser Grundsatz, zumindest *dieser* Grundsatz, wird, wie eine Entscheidung des Arbeitsgerichts Düsseldorf erweist, ganz bewundernswert befolgt.[385] Der Sachverhalt ist, wie im Rheinland üblich, sehr schlicht, es begehrt nämlich eine Vorstandssekretärin, das Arbeitsverhältnis ist beendet, vom früheren Arbeitgeber mehr nicht als Korrektur ihres Zeugnisses: dort stehe »integere«, es müsse »integre« heißen. Der Arbeitgeber wendet ein, seine Schreibweise sei richtig; Beweis: demoskopisches Gutachten; weiterhin:

»So habe es beispielsweise in einem Artikel der Rheinischen Post vom 26. 10. 1984 über den ehemaligen Manager des Fußballvereins Fortuna Düsseldorf geheißen, er habe gesagt, er lasse sich vom Präsidenten des Fußballvereins ›nicht den Ruf eines integeren Mannes kaputtmachen‹. Es zeige sich, daß die von der Bekl. gebrauchte Schreibweise zumindest in Düsseldorf ortsüblich sei.«

Dies der Sach- und Streitstand.

## *XXVI.*

Die gebotene materiellrechtsfreundliche Auslegung bewirkt, daß Fragen des Rechtsschutzinteresses keine Vertiefung erfahren.

»Allenfalls in ganz seltenen Ausnahmefällen – etwa bei offensichtlich nicht ernst gemeinten Anträgen, mit denen möglicherweise auch das Gericht der Lächerlichkeit preisgegeben werden soll (z.B. Antrag auf Verweisung an das ›jüngste Gericht‹) – dürfen die Gerichte eine Sachprüfung ablehnen.«

Die Sachprüfung ergibt indessen, daß der Anspruch nicht

---

384 *Zöller/Vollkommer*, Einl. Rdnr. 99. Auch RGZ 105, 423 (427): »Das materielle Recht soll und darf unter der Herrschaft der Prozeßvorschrift nicht oder doch nur möglichst wenig leiden.«

385 NJW 1986, 1281.

besteht. Die Rechtsquellen sind, dies macht die oben schon skizzierte deutschrechtliche Bearbeitung aus, bewährt und alt, nämlich: *»Schmeken, Orbis Romanus, Elementargrammatik, Formenlehren, 1975, § 5«;* ferner, als Beispiel angewandten Lateins, das Werk *»Milnes-Lenard, Winni ille Pu, Kapitel V (quo in capite Porcellus in heffalumpum incidit)«* als lateinische Übersetzung des Werks *»Puh, der Bär«*, sodann das im Rheinland allerorts zu Rate gezogene *»Glaubensbekenntnis der Katholischen Kirche, zitiert nach: Gebet- und Gesangbuch für das Erzbistum Köln, Verlag J. P. Bachem, o. J.«*. Beweis wird allerdings nicht erhoben. Das angebotene demoskopische Gutachten scheint für Fragen der Grammatik ungeeignet.

»Schließlich hat die Kammer auch nicht nur deshalb gewisse Zweifel an der von der Bekl. vorgeschlagenen Methode zur Ermittlung der richtigen Orthographie, weil die Bekl. den sogenannten Lehrstand (einschließlich der Lehrpersonen an integrierten Gesamtschulen, deren Außerachtlassung bei Fragen der Orthographie wiederum manchem verständlich erscheinen mag) gänzlich unberücksichtigt läßt, sondern auch deshalb, weil die Kammer aus intensiv gepflogener Lektüre von Journaille und anwaltlich unterzeichneten Schriftsätzen sich der Befürchtung nicht entschlagen kann, es werde sich eine komfortable Majorität für ›Entgeld‹ statt ›Entgelt‹, für ›weitergehend**st**‹ statt weitestgehend‹ und, horribile dictu, für ›**All**gemeinplatz‹ statt Gemeinplatz finden. Was schließlich das von der Bekl. herangezogene Zitat aus einem Artikel der ›Rheinischen Post‹ betrifft, so ist zum einen fragwürdig, ob es sich bei bewußtem Sportjournalismus um eine Kapazität oder gar Autorität in Fragen der Grammatik handelt, zum andern ist auch – sehr grundsätzlich – der von Thomas von Aquin überlieferte Satz zu bedenken, der da lautet: ›locus ab auctoritate est infirmissimus‹... Darüber hinaus mag sich bei der von der Rheinischen Post bevorzugten Schreibweise ein gewisser später Einfluß des mittelalterlichen Lateins geltend machen (Küchenlatein, Kirchenlatein), was bei der bekannten Grundhaltung dieses Blattes jedenfalls nicht gänzlich ausgeschlossen erscheint.«

## *XXVII.*

(Wir sehen ordentliche und Arbeitsgerichte in Fragen des Frohsinns also vereint. Der einzige Zweig der Justiz, der sogar den Karneval bierernst nehmen muß, ist, wiederum, die Finanzgerichtsbarkeit. Sie hat sich etwa mit der Frage zu befassen,[386] ob ein Büttenredner künstlerische Tätigkeit im Sinne des § 34 IV EStG »a. F.«[387] ausübt – dies ist nicht der Fall, denn das FG

»hat festgestellt, daß der Kl. seine für ein Jahr verfaßte Büttenrede auf etwa 80 bis 125 Veranstaltungen[388] vorgetragen hat. Es hat ferner ausgeführt, auch wenn der Kl. diese Rede in Mundart und humorvoller Weise gehalten habe, so habe er doch jeweils nach einer bestimmten Redeschablone gearbeitet.«[389]

Dies ist keine Kunst; es kommt daher für den Büttenredner ein ermäßigter Steuersatz nicht zur Anwendung. Vorteile steuerlicher Art hat indessen sein Dienstvorgesetzter, der Karnevalsprinz.[390]

»Der hauptberuflich nichtselbständig tätige Kläger und Revisionsbeklagte (Kläger) war in der Karnevalssaison 1982/83 Prinz Karneval der Stadt A. Er trat bei vielen Veranstaltungen auf und hatte erhebliche Aufwendungen, insbesondere für seine Ausstattung und die seines Hofstaats, für den Festwagen und den Karnevalszug sowie für Bewirtung und Empfänge.«

---

386 BFH, NJW 1988, 376 (erste Instanz: FG Köln).

387 Man kann den Zusatz »a. F.« bei Vorschriften von EStG und UStG eigentlich weglassen. Er versteht sich von selbst.

388 Man müßte jetzt ausrechnen, wie viele Tage die Zeit vom 11. 11. 01 bis Aschermittwoch 02 ausmacht; aber über den Daumen ergibt sich eine Zahl, die unter 125 liegt.

389 »Im Streitfall wurde in der mündlichen Verhandlung vor dem FG die Büttenrede des Kl. aus dem Jahr 1969 vorgelesen; außerdem wurde die auf Tonband genommene Büttenrede des Jahres 1976 abgespielt. Es kann davon ausgegangen werden, daß die Richter des FG mit den Eigenschaften des Kölner Karnevals vertraut waren und sich anhand der in der mündlichen Verhandlung gewonnenen Eindrücke aus eigener Sachkunde über die künstlerischen Qualitäten der vom Kl. gehaltenen Büttenreden ein Bild machen konnten.« Womöglich sollte man mit den Schulklassen nicht mehr zum Schöffengericht, sondern zum Finanzgericht gehen.

390 BFH, BStBl 1994 II, 274 (erste Instanz: FG Düsseldorf).

Als solcher ist er Kleinunternehmer und zum Vorsteuerabzug berechtigt. Streiten kann man, in diesem Zusammenhang, bloß noch über Privatanteile, allerdings geht der Streit zugunsten des Prinzen aus:

»Anhaltspunkte dafür, daß die Aufwendungen für Bekleidung, Ausstattung und Wagenbau unangemessen gewesen wären und deshalb insoweit ein Repräsentationseigenverbrauch[391] gemäß § 1 Abs. 1 Nr. 2 Buchst. c UStG 1980 a. F.[392] i. V. m. § 4 Abs. 5 Nr. 7 EStG 1981/1983 anzusetzen wäre, sind nicht gegeben...«[393]

Es sind Begriffe wie »Repräsentationseigenverbrauch«, die das deutsche Steuerrecht so geschmeidig machen.[394] Ende des karnevalssteuerrechtlichen Exkurses.)[395]

---

391 Vgl. zu diesem Themenkomplex auch *Langohr*, S. 128: »Weist ein Richter/Rechtsanwalt/Staatsanwalt den Kauf von drei weißen Hemden im Steuerjahr 01 nach, dürfte ein Hemd für den dienstlichen Gebrauch im Rahmen der Verpflichtung zum Tragen der Amtstracht als beruflich veranlaßt steuerlich anzuerkennen sein.«

392 *sic.*

393 a. a. O., 276.

394 Wer auf einer Dienstreise bestohlen wird, kann das Gestohlene als »unfreiwillige Wertabgabe« von der Steuer absetzen, BFH, NJW 1995, 2871.

395 Es muß hier noch hingewiesen sein auf die Entscheidung des EuGH, NJW 1994, 1941, wonach ein Straßenmusikant dem Inspecteur der Omzetbelasting Leeuwarden keine Umsatzsteuer schuldet, und zwar aus der Erwägung Nr. 16 (a. a. O., 1942): »Wenn ein Musikant, der auf öffentlichen Wegen spielt, von Passanten eine Vergütung erhält, können diese Einnahmen nicht als Gegenleistung für eine den Passanten erbrachte Dienstleistung angesehen werden.«

# 9.

*I.*

Was bis hierher Gegenstand der Untersuchung war, hielt sich, bei allen Possierlichkeiten, im Rahmen der Normalität des Rechtsgangs.

Es gibt eine solche Normalität. Zwar mag es frivol erscheinen, den gerichtlich ausgetragenen Konflikt für etwas anzusehen, das als »normal« in welchem Sinn auch immer gelten kann, doch macht eben diese Frivolität den juristischen Alltag aus: die berufsmäßige Bearbeitung fremden Ausnahmezustands als einer regelmäßigen, unvermeidbaren, womöglich notwendigen Erscheinung der Lebenswelt.

Die Routine des Ausnahmezustands prägt, wie alles, was sich wiederholt, ein Idealbild heraus; prägt Vorstellungen von Eleganz, Ethos, Pathos des Rechtsgangs, von der Redlichkeit der beteiligten Parteien, von der Berufsehre des rechtsgelehrten Stabs, von der Wahrhaftigkeit der verfolgten Interessen.

*II.*

Abweichungen hiervon gibt es so mannigfache, wie das ebenmäßige Gesicht selten ist, doch noch unter den Abweichungen stechen solche heraus, die gänzlich abnormal und pathologisch sind, juristische Geisterbahn. Die Prozesse sind hier monströs, die Parteien moralisch verkommen, querulatorisch, rechtsblind, unbelehrbar, die Anwälte jenseits von Gut und Böse, die Richter unwürdig, die Interessen herbeigefingert; ein Panoptikum juristischer Schauerlichkeit.

Es muß ein unterirdischer Reiz bestehen, solche Dinge zu schauen: ein Sozialvoyeurismus. *Zuck* hat, auf diesen Sachverhalt gestützt, flächendeckend-umfassende Fernsehübertragung aus dem Gerichtssaal gefordert.[396]

---

396 NJW 1995, 2082.

»Ich könnte mir dann aber auch, in breitem Schwäbisch, die heimische Amtsrichterin anhören, die Atomstrom aus der Steckdose für sittenwidrig gehalten hat und ebenso, wenn der Fall unter der Berufungsgrenze lag, Bankzinsen über 5 %, alles im Bereich richterlicher Unabhängigkeit, versteht sich.«

Womöglich liegt hier der Grund, weshalb sich Öffentlichkeit solchen Grades bisher nicht durchsetzen ließ: daß man dergleichen Entscheidungsfreude nicht durch zuviel (und qualitativ andere) Öffentlichkeit beeinträchtigen lassen will.

## *III.*

Drei Schwerpunkte des Pathologischen sind festzustellen:

*a) Interesse,*

*b) Argument,*

*c) Reaktion.*

Interesse betrifft die Parteien, Argument eher die Anwälte, Reaktion eher das Gericht.

## *IV.*

Zu a) Interesse.
Man tut pathologischer Interessenverfolgung womöglich Unrecht, wollte man sie schlicht als Querulantentum abtun. Hintergrund entsprechender Prozesse ist, wie es den Anschein regelmäßig haben kann, ja tiefste Verletzung des Gerechtigkeitsempfindens. Die Anlässe mögen jedem anderen nichtig erscheinen, die Verfolgung der ebenso nichtigen Ansprüche mit Gerichtshilfe vollends unverständlich; es mag jeder andere sich denken, der Klügere gebe besser nach, doch stößt sich eben dieser vernunftgeprägte Grundsatz am Prinzip, am Prinzipiellen als dem Gegenpol der Vernunft, am Naturrecht, am eingeborenen Gefühl für richtig und falsch, gut und böse, gleich und ungleich.

## V.

Auch dieser Befund läßt sich nach Ursachen gliedern. Grundgedanke: Wie kommen Mitbürger dazu, einen solchen Defekt ungefragt zu offenbaren? Was treibt sie, ihre gesellschaftliche Geltung, den Ruf bei ihren Nachbarn für ein Prinzip zu gefährden oder gänzlich preiszugeben? (Meistens gänzlich preiszugeben.) Warum entblöden sie sich dessen nicht?
Zwei Antworten kommen in Betracht: Erstens: die Enge. Zweitens: ein grundlegendes Mißverständnis.

## VI.

Die Enge hat hierzulande einst Genies hervorgebracht; die mit nachhaltig pochendem Finger an letzte Fragen des Daseins rührten. Die sind ausgestorben. Daß aus der Enge neue nachwachsen, kann man ausschließen. Denn der Geist der Enge zwängt den Freiheitsdrang jetzt nach anderswo; nicht nach oben zu hohen oder nach unten zu tiefen Dingen. Er wendet sich seitwärts, dem Nächsten zu.
Am Nächsten, als Gegenstand des Freiheitsdrangs begriffen, fallen andere Eigenschaften ins Auge als diejenigen, die *Claudius* singen ließen: *Verschon uns, Gott, mit Strafen / und laß uns ruhig schlafen / und unsern kranken Nachbarn auch.* Der Nächste wird lästig.

## VII.

Wobei die Lästigkeit, weitere Verschärfung, statisch ist, denn Nachbarschaft findet zwischen Immobilien statt. Einzig variabel in diesem Gefüge sind die Gemüter der Beteiligten. Die zwangsläufig resultierende Unausweichlichkeit des Konflikts und seiner Steigerung bewirkt einen dramaturgischen Effekt, der ebenso unausweichlich in die Tragikomödie führt.

*VIII.*

Der Bereich des Nachbarrechts ist, was die hieraus entstehenden Unterhaltungsaspekte betrifft, monographisch derart sorgsam aufgearbeitet, daß auf diese Bemühungen verwiesen werden kann. Uns interessieren vorliegend nur die Fälle naturrechtlichen Einschlags.

»Naturrechtlich« meint hierbei nicht, das Wort könnte es suggerieren, Situationen mit Naturbezug – wenn etwa ein Nachbar gegen den anderen klagt wegen Beeinträchtigungen seines Grundstücks durch Herbstlaub.[397] Ebensowenig ist nachbarliches Hahnengeschrei als Naturerscheinung gemeint.[398] Wobei gerade in Fällen mit Hahnenbezug das elementar Schicksalhafte mancher Prozeßlage deutlich werden kann:

Hahnprozeß wie gehabt;

»... der Kl. hat beantragt, die Bekl. zu verurteilen, das auf dem Grundstück befindliche Hühnervolk, bestehend aus einem Hahn und mindestens 5 Hühnern, zu beseitigen...«[399]

§§ 1004 II, 906 BGB setzen Wesentlichkeit der Geräusche voraus. Die Beklagte bestreitet sie:

»... an der wesentlichen Beeinträchtigung fehle es schon deshalb, weil ein sogenanntes Krähpaket (mehrmaliges Krähen in kurzen Abständen) lediglich 3–5mal am Tag festgestellt wurde.«

---

397 LG Stuttgart, NJW 1980, 2087. Erfolglos: »Würde man in dieser für die Stuttgarter Hanglage typischen Wohngegend einen Geldausgleich für herabfallendes Laub, Blüten und Samen zubilligen, so hätte dies in Stuttgart eine Vielzahl von Ausgleichsansprüchen ähnlich beeinträchtigter Grundstückseigentümer zur Folge; letztendlich würde dies dazu führen, daß viele Eigentümer von Grundstücken, auf denen derartige Bäume stehen, sich genötigt sehen würden, diese Bäume zu entfernen, um möglichen Ersatzansprüchen ihrer Nachbarn vorzubeugen.«

398 Etwa LG München, NJW-RR 1988, 205. Der Nachbar ist hier verurteilt worden, »den Hahn von 20 bis 8 Uhr und an Samstagen, Sonn- und Feiertagen von 12 bis 15 Uhr schalldicht zu verwahren und den Komposthaufen« – Wohnstatt des Hahns – »zu beseitigen«.

399 LG München I, NJW-RR 1989, 1178.

Ein Gutachten zum Schallpegel wird in Auftrag gegeben. Zum Ortstermin mit Sachverständigem tritt, Horrorvorstellung eines jeden, der Krähen und dergleichen zu beweisen hat, *hic Rhodos, hic salta*, ein Vorführeffekt in Kraft – die Immission bleibt aus.

Elementare Verzweiflung, höchste Beweisnot, läßt den Kläger zu entlegenem Verdacht greifen.

»Im Laufe des Prozesses wurde vom Kläger immer wieder ausgeführt, daß der Hahn ›normalerweise‹ wesentlich häufiger krähe, als während der Begutachtungstermine festgestellt wurde. Es wurde auch mehrmals der Verdacht der Beigabe von Sedativa geäußert.«

Doch stellt sich, die gute Sache siegt, der alte Gott lebet noch, ein schmieriger Winkelzug des Gegners heraus:

»So wurde im Gutachten Dr. M festgehalten, daß die Bekl. sowohl Glocke als auch Telefon abgestellt als auch dem Gutachter den Zutritt verweigert haben, da wegen des dann möglichen Bellens des Hundes der Bekl. ein Krähen des Hahnes ausgelöst hätte werden können.«[400]

## *IX.*

Der naturrechtliche Einschlag meint vielmehr das Existentielle des Konflikts, der an Archaisches, Uraltes, stammesgeschichtlich Frühestes rührt; an Dinge, begründet seit dem Übergang von der Jäger- und Sammlerkultur zu Landbau und Viehzucht, zu Seßhaftigkeit und Schollenbindung; der an Gerechtigkeitsvorstellungen rührt mit Sitz im Stammhirn, wenn nicht im Rückenmark.

Entsprechend archaisch werden die Reaktionen im Fall der Verletzung dieses Gefühls. Ein Beispiel:[401]

---

400 a. a. O., 1179.

401 LG Limburg, NJW-RR 1987, 81.

»Der Bekl., Grundstücksnachbar des Kl., hatte auf seinem Grundstück an der Grenze zum Grundstück des Kl. aus Holz einen Galgen errichtet, an dem eine Puppe hing, die an dem Hals ein Schild mit der Aufschrift ›Ich war ein Drecksack‹ trug.«

Das geht natürlich nicht. Ähnliche, ebenso unzulässige Formen der Rache finden sich in einem anderen Fall:[402]

»In der Vergangenheit ist es zwischen den Parteien bereits wiederholt zu Meinungsverschiedenheiten und Rechtsstreitigkeiten bezüglich der Grundstücksgrenze und der Beachtung nachbarrechtlicher Vorschriften gekommen. Unter anderem begehrte der Kl. von den Bekl. die Beseitigung einer auf der gemeinsamen Grundstücksgrenze verlegten Reihe von Gartenplatten, weil diese ca. 5 cm auf das Grundstück des Kl. überragten. Die Bekl. entfernten diese Platten von der Grundstücksgrenze und ließen sie auf ihrem Grundstück liegen. Weiterhin stellten sie eine blaue Regentonne, einen weißen und einen schwarzen Eimer, zerbrochene Gehwegplatten, Ziegelsteine und Betonsteine an der Grundstücksgrenze ab und errichteten unmittelbar dahinter einen Palisadenzaun, so daß die genannten Gegenstände nur noch von der Grundstücksseite des Kl. aus zu sehen sind.«[403]

Das Gericht kommt zur Annahme eines Beseitigungsanspruchs durch die Erwägung, § 1004 I BGB müsse

»...heute im Lichte eines geänderten und verfeinerten Umweltbewußtseins gesehen werden«,

mit der Folge, daß auch die bloß ästhetische Beeinträchtigung den Unterlassungsanspruch gibt. Diese Erwägung beleuchtet in der Tat eine gravierende Änderung der Verhältnisse, ihre Verfeinerung:

## X.

Es mochte früher die gewaltsame Landnahme gewesen sein oder der Frauenraub, die zur Fehde führten. Heute, in der Enge, reichen minder gewalttätige Akte aus. Wie alles, so

---

402 AG Münster, NJW 1983, 2886.

403 a. a. O., 2887.

vergeistigt sich auch der Begriff der Gewalt oder Verletzung ins Unfaßbare, in Sphären der Ästhetik hinaus.

Besonders dort, wo bloß noch ideelles Eigentum verletzt wird, nämlich ein in Quoten ausgedrückter Miteigentumsanteil nebst Sondernutzungsrecht gemäß einem papiernen Teilungsplan. Ein weiteres Beispiel:[404]

»Die ASt. verlangt mit der Klage, die Ag. zu verpflichten, zwei in dem zum gemeinschaftlichen Eigentum gehörenden Garten der Wohnanlage an der westlichen Grenze des Grundstücks aufgestellte, etwa 20 und 25 cm große Gartenzwerge als Symbol der Engstirnigkeit und Dummheit zu entfernen.«

Von den Zwergen ist festgestellt:

»Wie die bei den Akten befindlichen Fotos zeigen, fallen die Gartenzwerge trotz ihrer geringen Abmessungen durch ihre leuchtendrote Zipfelmütze im sie umgebenden Grün des Gartens auf und können auch von der an der Grenze verlaufenden Straße her eingesehen werden«,

ferner, daß das Aufstellen solcher Zwerge

»... allgemein durchaus gegensätzlicher Beurteilung insbesondere im ästhetischen Bereich unterliegt, die nicht wenige Menschen in ihren Gefühlen berührt und geradezu ideologisch überfrachtet sein kann, wie das vorliegende Verfahren zeigt.«

Derlei muß im Rahmen einer WEG niemand dulden, weshalb die Zwerge zu weichen haben; ebenso, wie die aus einem Nachbarrechtsfall des Amtsgerichts Grünstadt,[405] Zwerge folgender Spezifikation:[406]

»Diese Figuren werden vom Bekl. als sog. ›Frustzwerge‹ bezeichnet. Es handelt sich um ca. 30 bis 35 cm große gartenzwergartige Gebilde. Im Gegensatz

---

404 OLG Hamburg, NJW 1988, 2052.

405 Ein Name wie aus der öffentlich-rechtlichen Klausur: Gemeinde Grünstadt, Landkreis Blauhausen, Regierungsbezirk Schwarzberg.

406 NJW 1995, 889.

zu den üblicherweise bieder und brav wirkenden allgemein bekannten Gartenzwergen handelt es sich bei den vom Kl. aufgestellten ›Frustzwergen‹ um solche, die verschiedene, für einen Gartenzwerg untypische Posen und Gesten einnehmen. So zeigt einer der Zwerge dem Beobachter mit herausgestreckter Zunge den erhobenen Mittelfinger (sog. Fuck-you-Zeichen), ein anderer beugt sich mit heruntergelassenen Hosen nach vorne und zeigt sein entblößtes Hinterteil, ein weiterer hält sich die Nase zu und schließt dabei die Augen. Weitere Zwerge strecken ebenfalls die Zunge heraus, zeigen einen ›Vogel‹, bilden mit Daumen und Zeigefinger einen Kreis. Ein weiterer Zwerg trägt eine Kapuze und verkörpert einen auf ein Beil gestützten Scharfrichter. Ein anderer Zwerg wurde an einem Baum im Garten des Bekl. ›erhängt‹. Einige Zwerge halten bzw. hielten vorprozessual Schilder mit Parolen wie ›Pfälzer in die Pfalz, Wuppertaler in die Wupper‹ (der Kl. stammt aus Wuppertal), ›zieht endlich aus, wir wollen Frieden im Hof!‹. Das erstgenannte Schild wurde am 24. 9. 1993 entfernt, das letztere wurde durch ein Schild mit der Aufschrift ›Musik ist Trumpf‹ ersetzt.«

## *XI.*

## Die Enge kann auch dazu führen, daß Gegenstände minder künstlerischen Charakters lästig werden, etwa in einem gemeinschaftlichen Hausflur.[407]

»Die ASt. hat am 15. 2. 1989 beantragt, die Ag. zu verpflichten, sämtliche ihnen gehörenden Gegenstände aus dem Hausflur, dem Treppenhaus, der Kellertreppe und der Waschküche, wie Bilder, Schirmständer mit Regenschirmen, Schränke, Spinnrad, Garderobenhalter, Truhe, Spiegel, Schachbrett, Wäschekörbe u. a. sowie eine Mülltonne neben dem Haus und ein Schild am Zaun zu entfernen.

Das AG hat den Anträgen teilweise stattgegeben. Auf die sofortige weitere Beschwerde der ASt. hat das LG hinsichtlich einiger Gegenstände die Hauptsache für erledigt erklärt, die Ag. zur Entfernung eines Butterfasses, eines Ölbilds, eines Garderobenelements und eines Spiegels verpflichtet, hinsichtlich eines dreiteiligen Dielenschranks, eines Schirmständers mit Schirmen in der Diele, der Mülltonne im Garten und eines bayerischen Spruchs an der Tür im Keller die Beschwerde aber zurückgewiesen. Die ASt. verfolgt mit der sofortigen weiteren Beschwerde ihren Antrag auf Entfernung des Dielen-

---

407 BayObLG, NJW-RR 1993, 1165. Zur Instanz BayObLG *Köhler* (»Noricus«), JZ 1987, 762 (763): ein Gericht, »das durch Gründlichkeit ersetzt, was ihm an Zuständigkeit mangelt«.

schranks, des Schirmständers mit Schirmen, der Mülltonne und des inzwischen entfernten bayerischen Spruchs weiter.«

In dritter Instanz allerdings erfolglos.[408]

## *XII.*

Zwei Momente, sagten wir oben, kommen als Ursachen für dergleichen Ausbrüche in Betracht. Erstens: die Enge. Zweitens: ein grundlegendes Mißverständnis. Dies Mißverständnis, so scheint es, ist noch unausweichlicher als die Enge. Mancher bemüht die Justiz in der Erwartung, es widerfahre ihm dort Gerechtigkeit. Diese Erwartung ist gegenüber einer Instanz, die mehr als Gesetzesförmigkeit nicht abzubieten hat, die bestensfalls Gesetzesförmigkeit auch nur leisten kann, von vornherein irrig. Das Tragische offenbart sich hier schon im Beschreiten des Rechtsgangs selbst. (Die Betroffenen suchen, wohl in Ahnung dieses Umstands, Gerechtigkeit parallel zum Rechtsgang meist noch bei weiteren Instanzen, etwa dem Herrn Bundesarbeitsminister, dem Petitionsausschuß, dem Herrn Bundespräsidenten, dem Fraktionsvorsitzenden der Regierungspartei u. a., die man weniger förmlich angehen darf, dafür indessen noch weniger zuständig sind.)

## *XIII.*

Erinnert sei in diesem Zusammenhang zunächst an eine Mitbürgerin, die mehrfach versucht hat,[409] die Anrede »Frau«

---

408 a. a. O., 1166: »Die sofortige weitere Beschwerde ist hinsichtlich des bayerischen Spruchs unzulässig geworden und im übrigen unbegründet.«

409 Zunächst BVerfG, NJW 1981, 2178; neuerdings, unverdrossen, schon wieder OVG Lüneburg, NJW 1995, 1572. Parallel zur Anrede wünschte die Rechtsgenossin auch, »das Amt einer Landesbeauftragten für Frauenfragen für rechtswidrig zu erklären«.

durch »Dame« ersetzen zu lassen, da sie andernfalls gegenüber Männern diskriminiert werde. Vergeblich:

»In der Anrede Herr ist nach allgemeinem Empfinden die Geschlechtszugehörigkeit des Angeredeten weder verdrängt noch überhöht.«

Das BVerfG hatte nicht das Empfinden, sondern die Sprachgeschichte herangezogen:

»Schon in der zweiten Hälfte des 17. Jahrhunderts sank ›Dame‹ in der Volkssprache als Ausdruck für ›Hofmätresse‹ und ›Dirne‹ ab.«

Ebenfalls den Gleichheitssatz sah der Herr verletzt, dem die Würzburger Badeanstalt das Tragen eines String-Tangas verboten hatte.[410] Auch hier stößt das Recht an seine Grenzen:

»Dem Kl. ist insoweit Recht zu geben, als er eine Ungleichbehandlung behauptet. Die Ungleichbehandlung besteht darin, daß das sogenannte ›Oben-ohne-Baden‹ von Frauen toleriert wurde, während ›String-Tangas‹ als anstößige Badebekleidung bezeichnet und verboten werden. Die Behauptung der Bekl., das Gesäß eines Mannes sei mit den Brüsten einer Frau nicht zu vergleichen, ist zwar zweifelsohne zutreffend...«,[411]

indessen kommt es auf Üblichkeit an, und weil weder Oben-Ohne noch Tanga in Würzburg üblich sind, sind beide unsittlich, und daß die Stadt gegenüber den Frauen nicht durchgreift, ändert an der Unsittlichkeit des Tangas nichts. Eine ungemein elegante Begründung.

## *XIV.*

Nicht Willkür, sondern Kränkung empfand eine Frau des Jahrgangs 1911, die Klage aus dem allgemeinen Persönlich-

---

410 AG Würzburg, NJW-RR 1993, 1332. Klagbegehren: Einlaß; hilfsweise: Ergänzung der Badeordnung um die Klausel: »Damenbadeanzüge müssen mit Oberteil getragen werden.«

411 a. a. O., 1333.

keitsrecht vor dem LG Darmstadt erhoben hatte gegen die Bundesrepublik Deutschland, hier: den Deutschen Wetterdienst, mit dem Begehren, in den Wetterberichten die Verwendung des Begriffs »Altweibersommer« zu unterlassen.[412] Vergeblich; wobei wiederum die Eleganz der Begründung überzeugt: Die alten Weiber seien als unbestimmte Personengruppe genausowenig beleidigungsfähig wie die Gruppe der Protestanten, Katholiken und Akademiker.

## *XV.*

Neben der Anredeform und dem Wetterbericht kann auch der bürgerliche Name Anlaß zur Beschreitung des Rechtsweges geben.

In diesem Zusammenhang sollten an sich die Fälle unerwähnt bleiben, in denen Eltern ihre Kinder *Verleihnix, Pepsi-Cola* oder *Pumuckl* taufen wollen, oder *Windsbraut, Stone oder Hemingway*, oder *Moon Unit*,[413] bemerkenswert unter dem Gesichtspunkt pathologischen Interesses sind andere Situationen. Was etwa reitet, in Gottes Namen, den Beteiligten folgenden Falls?[414]

»Der Kl., der die Vornamen ›Hartmut Artur Eduard‹ trägt, beantragte, da er die Namen Artur und Eduard nie geführt habe, diese in den Namen Harry zu ändern, mit dem er üblicherweise angesprochen werde.«

Und weshalb will ein Elternpaar seinen Sohn *Karl Willi* plötzlich *Heiko Karl Willi* genannt sehen bzw. hören?[415]
(Dies zumindest erfährt man:

---

412 LG Darmstadt, NJW 1990, 1997. »Mit am 2. 2. 1989, also an ›Altweiberfastnacht‹ verkündetem Urteil hat das LG die Klage abgewiesen.«

413 Fundstellen bei *Palandt/Diederichsen*, § 1616, Rdnr. 14 ff.

414 BVerwG (sic), NJW-RR 1989, 771.

415 VGH Kassel, NJW-RR 1988, 711.

»Die Namen Karl und Willi seien die Namen der im Jahre 1984 verstorbenen Großväter des Kindes. Es sei während der Schwangerschaft der Mutter der Wunsch aufgekommen, diese Großväter ›wenigstens mit ihrem Namen in dem Kind weiterleben lassen zu können‹ ... Dementsprechend sei die Namensgebung ›Karl Willi‹ in der ersten euphorischen Stimmung über die glückliche Geburt des Kindes durch Erklärung gegenüber dem Standesamt erfolgt. Erst in der Folge sei man sich bewußt geworden, daß die Nennung des Kindes mit seinem Namen zugleich die Erinnerung an den Verstorbenen hervorrufe, was für die Familie, insbesondere die Großmütter, eine seelische Belastung darstelle. So nenne die eine Großmutter das Kind bereits jetzt Heiko, die andere habe bei Nennung des Namens Karl oder Karlchen Tränen in den Augen.«)

Damit ist dem Kind kein Gefallen getan, ebensowenig wie demjenigen aus einer Entscheidung des OLG Hamm, dessen Pech darin besteht, frankophile Eltern zu haben und an Heiligabend geboren zu sein.[416] Es heißt, bedingt durch diese Zufälle, *»Decembres Noëlle«*.
Das arme Kind.

## *XVI.*

Der Nachname ist nicht mitgeteilt, aber man stelle sich vor, die Eltern hießen Schmitz.[417] Es muß nun ein Kind, das eine patente Bettina Schmitz hätte abgeben können, eine jugendfrische Silke Schmitz, Heike Schmitz, Kerstin Schmitz, mit dem Namen Decembres Noëlle Schmitz herumlaufen, zum Gespött der Schulklassen. Nichts bleibt ihr übrig, als einen Gatten in Frankreich zu suchen, der mindestens La Fontaine heißt oder De la Beauté.

---

416 NJW-RR 1989, 1032.

417 Obwohl man im Bereich des OLG Hamm eher *Mattuschek* heißt oder *Szcypanski*.

# *XVII.*

Das sind Fälle elterlicher Rücksichtslosigkeit. Der Gegenpol, Erbarmen mit der Kreatur, führt gelegentlich ebenfalls vor Gericht. Es klagt etwa »eine Reihe von Umweltschutzverbänden« als »ASt. zu 2« mit folgendem Begehren:[418]

»Sie haben – zugleich als Geschäftsführer ohne Auftrag der ASt. zu 1, der ›Seehunde in der Nordsee‹ – Widerspruch gegen mehrere Genehmigungen eingelegt, mit denen die Ag. – die Bundesrepublik Deutschland, vertreten durch das Deutsche Hydrographische Institut – im Verfahren beigel. Wirtschaftsunternehmen gestattet hat, Abfallstoffe in die Hohe See einzubringen bzw. Abfallstoffe auf Hoher See zu verbrennen.«

Trotz allen Barmens erfolglos. Den Seehunden mangelt die Beteiligungsfähigkeit:

»Das ist schon deshalb anzunehmen, weil unbestimmt und auch nicht bestimmbar ist, welche species (Phoca vitulina, Ph. hispida, auch Halichorus cristata u. weitere?) in welcher Anzahl und näherer örtlicher Verbreitung das Antragsrecht als vermeintliches Rechtssubjekt wahrnimmt: Auf eine sachliche und numerische Abgrenzung kann verfahrensrechtlich nicht verzichtet werden.«

Ganz zu schweigen von den Zustellungsfragen. (In den USA hätte man es insoweit einfacher. Hier kann man zustellen, *wherever the defendant may be found*, und sei es in einem Flugzeug hoch über dem Gerichtssprengel:

»The Marshal's return as to Smith recites that the writ came to hand on July 21, 1958, and that on the same day he served the same ›by personally delivering to him a copy of this writ, together with a copy of the Complaint, on the Braniff Airplane, Flight No. 337, non-stop-flight from Memphis, Tenn. to Dallas, Texas, said copy being delivered to him at 5:16 P.M. at which time the said airplane was in the Eastern District of Arkansas and directly above Pine Bluff, Arkansas, in said District‹«,[419]

---

418 VG Hamburg, NVwZ 1988, 1058.

419 *Grace* v. *MacArthur*, 170 F. Supp. 442.

und hätte mit dieser Maßnahme vorliegend etwa die Zuständigkeit eines Bundesgerichts trickreich erwirkt.)

## *XVIII.*

Auf der Skala der Ehrbarkeit und des Engagements rangieren herzensgute Menschen wie die ASt. zu 2 von soeben hoch oben. Am anderen Ende finden sich Herrschaften raffgierigen Charakters, die überdies ihrem Gewinnstreben das Gepräge rein künstlerischer Motivation zu verleihen trachten, bisweilen durchsichtig wie die Beteiligungsfähigen folgenden Falls:[420]

»Die Kl. sind Herstellerinnen des programmfüllenden[421] deutschen Films ›Kamikaze 1989‹. Ihren Antrag, dem Film zum Zwecke der Gewährung von Referenzfilmförderung das Gütezeugnis eines ›guten Unterhaltungsfilms‹ zuzuerkennen, lehnte die Bekl. mit Bescheid vom 9. 2. 1983 unter Bezugnahme auf die Entscheidung ihrer Bewertungskommission ... ab.«

Die Bewertungskommission ihrerseits hatte gefunden:

»...teils Science-Fiction, teils Verfilmung einer ganz konventionellen literarischen Krimi-Vorlage, teils Ironie und Satire, leide der Film durch sein ständiges und schließlich monotones optisches und akustisches Bombardement des Zuschauers. ... Der Hauptdarsteller (Rainer Werner Fassbinder) vermöge ebenfalls nicht zu überzeugen, er bewege sich in Extremen, spiele sich bisweilen selbst, chargiere, gebe sich teils nostalgisch, teils futuristisch. Dies alles enttäusche.«

Widerspruch. Klage. Berufung. All dies, selbstverständlich, ganz umsonst, da kein Senat mit Verwaltungsrichtern Gütezeugnisse an Filmemacher verteilt. Befremdlich ist nur, daß Leute, denen der Staat gemeinhin der letzte Depp ist, die

---

420 OVG Berlin, NJW 1988, 365.

421 Es ist Verf. nicht gelungen, herauszufinden, was das Wort »programmfüllend« bedeuten soll. Wer kann helfen?

Verwaltungsgerichte anrufen, um sich öffentliche Töpfe zu erschließen.

(Art. 31 a. F. EGBGB, die letzte Stätte der Retorsion, ist 1986 durch die IPR-Novelle beseitigt worden. *Kegel* hat ihn gelegentlich »eine trostlose Vorschrift«[422] genannt, doch wirkt sein Grundgedanke bisweilen ja durchaus tröstlich – man erwäge den Reiz der Vorstellung, daß gegen Volk wie das obige »ein Vergeltungsrecht zur Anwendung gebracht wird«.[423] Ende des völkerrechtlichen Exkurses.)

## *XIX.*

In diese Rubrik fallen auch die Leute mit den Kondomen.[424] Der eine Herr, der sein Begehren bis zum BVerwG vorbrachte, hatte sich monatlich zehn Mark Sozialhilfe für Kondome erstritten, die man ihm mit der Begründung absprach, es fehle ein ärztliches Attest, daß er sich vor Aids zu schützen habe. Der andere Herr trug dem OVG Hamburg vor, er verkehre täglich im Durchschnitt 1,7mal mit seiner Freundin, brauche also 12 Kondome pro Woche, worauf das Gericht erwidert, die Sozialhilfe sei nicht dazu installiert, maximale Bedürfnisbefriedigung zu gewährleisten.[425]

---

422 IPR, S. 314.

423 Grandios, geradezu »ungeheuerlich« (so äußert *Ferid* in der Anmerkung) falsch das Amtsgericht Nürnberg, JZ 1954, 159, das unter Berufung auf Art. 31 einem amerikanischen Kind den Unterhaltsanspruch gegen den deutschen Vater deswegen abgesprochen hat, weil die amerikanischen Truppen für ihre Hinterlassenschaften kraft Besatzungsstatuts ja ebenfalls nichts zahlen müßten. Das Urteil hat aber nur bemerkenswert kurz gehalten: LG Nürnberg-Fürth, FamRZ 1955, 332.

424 BVerwG, NJW 1995, 208 und OVG Hamburg, NJW 1991, 941.

425 a. a. O., 942; er könne sich ja mit mutueller Masturbation weiterhelfen.

(*Sendler* hat Sachverhalt und Entscheidung kommentiert,[426] und hierbei in tief berührender Weise immerfort hingewiesen auf die »die durchschnittliche Leistungsstärke nicht nur geringfügig übersteigende Libido« des dortigen Klägers; auf dessen »zu bewundernde Kondition«, auf die »überreiche Potenz«, und, im Gegenzug, auf seine, *Sendlers,* »Unerfahrenheit auf diesem Gebiet«.)

## XX.

Doch ist dies alles nur ein Abklatsch, eine müde Harmlosigkeit gegen den abgebrochenen Jurastudenten, der VG Freiburg und VGH Mannheim beschäftigte.[427] Was sich hier zugetragen hat, war ein Stellungskrieg,[428] eine entsetzliche Farce. Aber wenn man die zwanzig Seiten dreimal gelesen hat, kommt ein seltsamer Gedanke auf. Es kann sein, daß dieser Querulant mit seinen Anliegen durchaus im Recht war. Bloß: wieso ist er dann, und zwar ganz offensichtlich, ein Querulant?

Womöglich besteht ein wesentlicher Teil der Rechtschaffenheit darin, aufs Recht nicht zu pochen. In Maßen zu verzichten. Kleines Unrecht zu dulden. Womöglich ist so einer der bessere Citoyen.

Merkwürdige Bilanz.

---

426 NJW 1995, 2209; wie er in letzter Zeit alles und jedes kommentiert.

427 VGH Mannheim, VBlBW 1994, 364 und 374. Dem Abdruck ist die »Anmerkung« vorangestellt: »Die beiden nachfolgenden Entscheidungen sind als Dokumentation dessen gedacht, was (sich) der Sozialstaat leistet.«

428 Beendet nur dadurch, daß der Betreffende irgendwann in Untersuchungshaft kam (a. a. O., 377).

## XXI.

Der Querulant, der er positiv ist, begehrt beispielhaft folgende Leistungen der Sozialhilfe:

– »Schaffung der Möglichkeit, Post an die Beklagte als Briefadresse zu schikken, solange er keine dauernde Unterkunft habe«;

– »Kostenübernahme für einen elektrischen Rasierapparat«;

– »Am 20. 3. 1991 beantragte der Kläger bei der Beklagten Beihilfen zur Beschaffung einer Mütze und eines Regenschirms sowie Übernahme der Kosten einer Wohnungsanzeige in der B.-Zeitung. Mit Bescheid vom 22. 3. 1991 bewilligte die Beklagte ihm 30,– DM für eine Mütze und lehnte den Antrag im übrigen ab, weil kein notwendiger Bedarf vorliege.«[429]

– »Mit mündlichem Bescheid vom 3. 4. 1991 lehnte die Beklagte den Antrag des Klägers ab, ihm eine Möglichkeit zur Einsichtnahme in die ihn betreffenden Gesetze und einschlägigen Kommentare zu schaffen.«[430]

– »Am 26. 8. 1991 erkundigte sich der Kläger bei der Beklagten, inwieweit anläßlich des Weihnachtsfestes 1991 Fahrtkosten zum Wohnort seiner Eltern bezahlt werden könnten und ob auch Kosten für Geschenke übernommen würden. Dieser Antrag wurde durch mündlichen Bescheid vom 26. 8. 1991 … abgelehnt.«

Insgesamt sind 24 Hauptanträge, teils mit Unterpositionen, zu erledigen, und nur einer ist begründet: der Regenschirm; allerdings nicht mit fünfzig, sondern bloß mit zwanzig Mark einmaliger Leistung.[431]

---

429 a. a. O., 365.

430 ebd.

431 a. a. O., 372: »…vielmehr sind 20,– DM ausreichend, denn hiervon kann ein Regenschirm ohne weiteres bezahlt werden (vgl. z. B. Quellekatalog für Herbst/Winter 1993/94, S. 684, wonach die billigsten Herrenschirme 19,95 DM kosten).«

## XXII.

Weiter geht es.

»Am 25. 11. 1991 sagte ein Sachbearbeiter der Beklagten zum Kläger anläßlich dessen Vorsprache unter anderem: ›Hilf Dir selbst, so hilft Dir Gott‹.
Mit Schreiben vom 25. 11. 1991 an die Beklagte wandte der Kläger sich gegen diesen Ausspruch und beantragte, ihm mitzuteilen, ob diese Art der Leistungsgewährung nicht rechtswidrig sei und von der Beklagten anempfohlen werde oder ob der Sachbearbeiter eine irrige Rechtsauskunft erteilt habe. Gegebenenfalls stelle er, der Kläger, den Antrag auf Kostenzuschuß für eine Faustfeuerwaffe und Betriebskosten wie Öl und Munition.«[432]

Hierauf Klagantrag:

»... 3. die Beklagte zu verpflichten, dem Kläger eine schriftliche Bestätigung des Inhalts zu erteilen, daß sich die Dienstpflichten der Beklagten nicht aus dem Spruch ergeben ›Hilf Dir selbst, dann hilft Dir Gott‹.«

Begründung zum Klagantrag:

»Dieser Spruch gehe auf Adolf Hitler zurück. Er enthalte somit die amtliche Aufforderung, er solle sich künftig zur Bestreitung seines Lebensunterhalts auch Methoden bedienen, welche der faschistischen und nationalsozialistischen Weltanschauung entsprechen würden. Der Ausspruch verherrliche das Faustrecht im rechtsfreien Raum.«[433]

An diesem Punkt hilft nun kein Quelle-Katalog mehr, sondern bloß noch die Erwägung, die Stadt sei nicht mehr zuständig, nachdem der Kläger im Gefängnis sitze.[434]

432 a. a. O., 375.

433 a. a. O., 375.

434 a. a. O., 378 zu (3).

## XXIII.

Pathologisches begegnet im Rechtsgang hierneben auch – wir sagten es bereits – auf der Ebene des Arguments. Ausgangslage: Jemand benutzt, um Recht zu bekommen, formal korrekte, gleichwohl sittlich unanständige Begründungen.

Klassisches Beispiel ist die Argumentation der Krankenkasse in einem BGH-Fall,[435] der den Beinamen trägt: »Geisteskranker mit dem Hammer«. Es hört jemand nachts gegen ein Uhr von einem benachbarten Ruinengrundstück Hilferufe, geht mit einer Taschenlampe nachsehen, gewahrt einen Mann mit einem Hammer auf eine Frau einschlagend und trennt die beiden, wobei er selbst Schädelverletzungen durch Hammerschläge davonträgt. Er begehrt nun Ersatz der Heilungskosten von der Krankenkasse der Frau aus Geschäftsführung ohne Auftrag: die Rettungsmaßnahme sei Geschäft der Krankenkasse gewesen. Die Krankenkasse äußert im Prozeß: die Rettung mit den damit verbundenen Kosten habe nicht in ihrem Interesse gelegen, § 683 BGB, denn hätte der Irre die Frau totgeschlagen, wären nur Beerdigungskosten entstanden.[436]

## XXIV.

Oder die von *Sarstedt*[437] umfassend besprochene Entscheidung RGSt 23, 409 mit der Katze:

> »Der Braumeister W. ist überführt, etwa 70 Hektoliter Bier, von dem er wußte, daß mit der Maische eine in die Maischpfanne gefallene Katze oder ein Tier von ähnlicher Größe mitgesotten war, unter Verschweigung dieses Umstands verkauft zu haben.«

---

435 BGHZ 33, 251 = NJW 1961, 359. Die maßgebliche Passage ist in der amtlichen Sammlung nicht mit abgedruckt (NJW 1961, 360 r. Sp.).

436 Der BGH nennt diesen Einwand »erstaunlich«.

437 Revision in Strafsachen Rdnr. 327.

Er wird wegen Verkaufs verdorbener Nahrungsmittel angeklagt. Das Landgericht holt ein Gutachten zur Beschaffenheit des Bieres ein; Ergebnis: die fleischlichen Bestandteile der Katze fast vollständig verkocht, der folgende Gärungsprozeß beseitigt alle Schädlichkeiten, kein Zersetzungsprozeß festzustellen, die Katze ist unschädlich, das Bier nicht verdorben. Freispruch.

Das Reichsgericht begegnet diesem ganz entsetzlich falschen Urteil mit eisern durchgehaltener Ironie.

»Welche Bedeutung die in diesem Urteile erwähnte Erklärung eines Sachverständigen, das Mitsieden gewisser Tiere, insbesondere von Ratten oder Mäusen, komme häufig vor und sei unvermeidlich, da diese in Brauereien massenhaft vorhandenen Tiere durch irgendeinen Zufall in den Sud gerieten, für die Würdigung der Sache haben soll, ist nicht ersichtlich, es sei denn, daß hiernach diese Tiere zu den unvermeidlichen Bestandteilen des Bieres gehören, der Gehalt kein dem normalen Biere fremder sei. Daß dies wirklich die Meinung des Gerichts sei, ist jedoch weder ausgesprochen noch anzunehmen. Geradeso verhält es sich mit den geflissentlichen Bierverunreinigungen, denen sich nach Versicherung des Verteidigers des Angeklagten vor dem Revisionsgericht die Brauknechte während der Bierbereitung schuldig machen.«[438]

## *XXV.*

Oder die von *Hauschka*[439] besprochene Entscheidung des LG Hamburg,[440] wonach das Gericht nach § 139 ZPO zum Hinweis an die Beteiligten verpflichtet ist, es beabsichtige, seinem Urteil eine unvertretbare Rechtsauffassung zugrunde zu legen. Eine Versäumung dieses Hinweises führt zu Aufhebung und Zurückverweisung. (Der Hinweis hätte nach *Hauschka*[441] etwa folgenden Inhalt:

---

438 RGSt 23, 409 (413).

439 JZ 1988, 298.

440 NJW 1988, 215.

441 a. a. O., Fn. 2.

»Herr Rechtsanwalt, nach neuerer Rechtsprechung des LG Hamburg habe ich jetzt einen Hinweis zu geben: Die Kammer beabsichtigt, ein Urteil zu fällen, das nicht ganz einfach nur einer Mindermeinung folgt oder abwegig wäre. Nein, wir haben vor, ein Urteil zu erlassen, das inhaltlich unrichtig sein wird. Wir fürchten nicht die Sanktion des § 336 StGB, wir werden ein unvertretbares Urteil fällen. Und dieses Urteil wird – auch dies streng nach unserer neuen Rechtsprechung – zu Lasten Ihrer Partei ergehen, daher der Hinweis an Sie. Bitte, Herr Rechtsanwalt, weisen Sie uns nun auf unseren Irrtum hin.« Der Anwalt hat dann zu sagen: »Hohes Gericht, Ihre Rechtsauffassung ist nicht nur abwegig, sie ist unvertretbar. Ich danke jedoch für den hilfreichen Hinweis und erbitte nun das unvertretbare Urteil.«)

## *XXVI.*

Oder die Situation, daß jemand, der eine Rußlandreise plant, bei der Bank für siebzehnhundert Mark Rubel bestellt.[442] Er bekommt 200 Hundertrubelscheine, die indessen am Tag der Abholung nicht mehr gültig sind.

Die Bank wehrt sich gegen den Rückzahlungsanspruch mit der Begründung, sie habe die erforderliche Zahl von Scheinen körperlich unversehrt übergeben, also den Sortenkaufvertrag mangelfrei erfüllt. (Sie wird über zwei Instanzen belehrt, daß die Tauglichkeit der Scheine zu dem nach dem Vertrag vorausgesetzten Gebrauch aufgehoben war.)

## *XXVII.*

Zu erinnern wäre hier auch an die Gedanken, die man vorgebracht hat in der Diskussion um das ungewollte Kind als Schaden.[443]
Sie beginnt mit dem »Apotheker«-Urteil des LG Itzehoe,[444] das

442 LG Regensburg (als zweite Instanz, immerhin), NJW-RR 1993, 822.

443 Grundlegend BGHZ 76, 249.

444 VersR 1969, 265.

Schadensersatz zubilligt. *Löwe,* der die Entscheidung umgehend bespricht,[445] sagt hierzu: »ein schlechter Scherz«. Das Oberlandesgericht Bamberg,[446] minder polemisch: Ein Kind kann als »Wertverwirklichung« kein Schaden sein; das widerspricht »christlich-humanistischen Kulturvorstellungen«. Der BGH hierzu:[447]

»Inwieweit solchen kulturphilosophisch und theologisch vielleicht[448] berechtigten Argumentationen juristischer Eigenwert zukommt, läßt sich in Frage stellen.«

Vielmehr ist differenzierte Betrachtung geboten; Kind und Unterhaltslast sind zweierlei. Hiergegen hatte *Lankers* geschrieben, solche Sichtweise sei unzulässige »Zergliederung der personalen Ganzheit des Kindes«.[449] Der BGH verweist demgegenüber auf schadensrechtliche Parallelen: Wer, etwa wegen Vollmachtsmißbrauchs, durch den Erwerb einer unerwünschten Sache geschädigt sei, ist nicht durch den Erwerb geschädigt, sondern nur aus der Notwendigkeit, ihn bezahlen zu müssen. Indessen endet die Parallele sofort:

»Dieser Hinweis auf analoge schadensrechtliche Zusammenhänge bedeutet nicht etwa, daß damit das Kind einer Sache, der Unterhalt dem Kaufpreis gleichgestellt würde. Es braucht auch an dieser Stelle nicht darauf eingegangen zu werden, ob das ›Haben‹ eines Kindes, die ›Freude am Kind‹ schadensrechtlich als anrechenbarer (immaterieller) Vorteil in Frage kommen könnte, wie dies in der Tat schon diskutiert worden ist (Nachweise bei …).«[450]

---

445 VersR 1969, 573.

446 Wiedergegeben in BGHZ 76, 249 (253).

447 ebd.

448 sic.

449 FamRZ 1969, 384 (386). Dem Begriff des Kindes haftet derjenige der Unterhaltsberechtigung also ganzheitlich-denknotwendig an.

450 BGH, a. a. O., 253.

(Statt »in der Tat« hätte man, mit *Löwe,* hier durchaus ebenfalls sagen dürfen: ein schlechter Scherz. Der schlechte Scherz von der humanistischen Front. Der schlechte Scherz vom guten Herzen.)

### *XXVIII.*

Die schlechten Scherze, dritter Punkt, kommen als pathologische Form der Reaktion bisweilen von Gerichtsseite; als bewußter, offenkundiger, herausgestellter Verstoß gegen alles Herkommen. Über die Anlässe läßt sich nur spekulieren, es scheint, als gäbe es deren zwei: Überschwang und Überdruß.

### *XXIX.*

Augenfälligste Erscheinungsform des Überschwangs ist der Wechsel von Prosa zur gebundenen Form: das gereimte Urteil. Man rufe sich in diesem Zusammenhang zunächst *Tröndles* Klage zur Kunstfreiheit ins Gedächtnis, zu an sich unzulässigen Äußerungen, die »in der Gewandung von holpernden Versen aber juristische Dignität erlangen sollen«.[451]

Bei gereimtem Recht tritt der umgekehrte Fall ein: zulässige Äußerungen *verlieren* juristische Dignität.

Das wurde teils wohlwollend-verständnisvoll[452] und teils kritisch[453] besprochen. Wo die Wahrheit dieser Ansätze liegt, soll nicht interessieren. Für unsere rein morphologische Untersuchung ist nur von Belang, welche Anlässe den Juristen von der Prosa wegführen.

---

451 *Dreher/Tröndle,* § 193, Rdnr. 14 f.

452 Etwa *Beaumont,* NJW 1990, 1969: »Vom Amtsschimmel zum Pegasus – die Sprache des Rechts in Vers und Reim«.

453 Etwa *Sendler,* NJW 1995, 847.

Hier stellt man zweierlei fest: Erstens: Es ist nicht das Erhabene, das lyrisch besungen wird. Es ist das Mickrige; Miese; Ausgelutschte. Zweitens: Wer mit Versen anfängt, kriegt Verse zurück.[454]

## XXX.

Auffällig bei dem Fallmaterial ist die Dominanz von Analem, Fäkalien und Formalien. Etwa anläßlich folgenden Sachverhalts:[455]

*»Der Angeklagte sagte barsch,*
*zum Kläger einst leck mich am …!«*

Das lyrische Ich bringt hernach Erwägungen zur Rechtsfolge hervor:[456]

*»Wer Recht hat, sei dir einerlei,*
*der Paragraph heißt 1.5.3.!*
*Ein Stein ihm von der Seele fällt;*
*Beschluß: Verfahren eingestellt!*

*Und die Moral von der Geschicht:*
*Wird's dir zu schwer, verzage nicht;*
*vergiß nie in des Alltags Hetz':*
*Auch das Gesetz hat seinen Götz.«*

Die textkritische Untersuchung dieser Verse ergibt als Sinngehalt: Wer einen Anzeigeerstatter bescheiden will, er solle die Justiz am Arsch lecken, der stelle nach § 153 StPO ein.[457] (Wer

454 Poetisch: Wer Verse sät, wird Verse ernten.

455 *Sympher*, zitiert nach *Beaumont*, a. a. O., S. 1970.

456 In diesem Fall scheint der Überdruß entscheidend für die Wahl der Dichtungsform zu sein.

457 Man betrachte unter diesem Gesichtspunkt die Erledigungsstatistik.

diesen Gedanken als Richter oder Staatsanwalt anders als in Versform äußerte, würde wohl des Amtes enthoben.)

Überhaupt scheint der Analbereich anfällig für die Poesie. Sachverhalt eines gereimten Berufungsurteils des LG Baden-Baden:[458] Die Angeklagte sagt zu der Privatklägerin, sie solle sie am Arsch lecken, daraufhin diese zu jener (nachdem sie Reimes halber eine »Türe aufgeklinkt«):

*»Mein A… nicht stinkt,*
*doch dem wo sein A… riecht nach üblen Düften,*
*der hänge ihn zum Fenster hinaus zum Lüften.«*

Erwägungen zur Rechtsfolge: In solchem Fall kann

*»…es der Richter den beiden gewähren*
*und beide Beleidiger für straffrei erklären,*
*es tat's mit Recht das Amtsgericht*
*und so die Strafkammer auch spricht.«*

Gegen die Reime legt die Privatklägerin Revision ein, gestützt auf § 338 Nr. 7 StPO. Es fehle an Gründen, und die Knittelverse verstießen gegen die Menschenwürde. Vergeblich. Zwar haben die Beteiligten Anspruch auf ernsthafte Befassung mit ihrer Sache.

»Dies Ziel kann aber in gleichem Maße gefährdet werden, wenn die Urteilsgründe in Prosa abgefaßt sind, sie aber das Vorbringen der Beteiligten nicht nur unbeachtet lassen, sondern sich darüber in einer das Gerechtigkeitsgefühl kränkenden Weise hinwegsetzen oder doch ihr Anliegen bagatellisieren.«

(Ein Fall fehlender Gründe liegt erst dann vor, wenn etwa Berichterstatter und Vorsitzender je einen Entwurf fertigen und sich jeweils weigern, den des andern zu unterschreiben.)[459]

---

458 Fragmentarisch wiedergegeben in OLG Karlsruhe, NJW 1990, 2009.

459 BGH bei *Dallinger*, MDR 1954, 337.

## XXXI.

Außerhalb des Analbereichs gibt Hundekot Anlaß zur Poesie.[460]

Allerdings nicht durchgehend gereimt, sondern bloß gebunden ans »Altdeutsche«[461] bzw. das »Frühhochdeutsche«[462] gelehnt – soweit Altdeutsch bedeuten soll, daß keine Grammatik gilt und keine Orthographie –, was nun aber auch fürs Neudeutsche zuträfe, das eher in Staatsexamensklausuren verwendet wird (Begriffsverwirrung).

Der Sachverhalt ist schlicht. Benachbarte Mietparteien, Lehrer von Beruf,[463] teilen eine Terrasse als gemeinschaftlichen Zugang zu zwei abgegrenzten Gärten. Eine der Parteien hält einen Hund, der über die Terrasse in den Garten der anderen Partei gelangt, wo regelmäßig folgendes stattfindet:

*»Das thier duencket zu haben eyn kunstsinn*
*gleychsam als sey es Joseph Beuys,*
*jedtags schaffend etwan neus,*
*pfercht es seyne merdrums hin,*
*braun, groz und voller dufft gar schoen,*
*hat die nachbaurin eyn denckmal ste'n.«*

Bis die andere Partei einen Zaun errichtet, der Terrasse und Garten teilt.

Hiergegen richtet sich der Antrag der Hundehalterin, die

---

460 AG Berlin-Schöneberg, NJW 1990, 1972.

461 Einordnung von *Beaumont*, NJW 1990, 1969 (1970).

462 Einordnung der Schriftleitung in der Überschrift zur abgedruckten Entscheidung.

463 *»Die parteyen lerer sind / und lerer haben immer recht, / wenn aber zween irer andrer meynung sind / so geht das leyder schlecht.«*

durch einstweilige Verfügung Beseitigung des Zauns begehrt.[464]

Vergeblich. Zwar stört der Zaun die eine Partei im Besitz, doch darf die andre immerhin den Hundekot mittels Zauns bekämpfen:

*»Jedoch in acht funf neun BGB es heyßt,*
*wenn ein hund in nachbaurs garten scheyßt,*
*so darff sich diser des erwern,*
*denn dis thett in im besitze stoer'n.«*[465]

Die sachenrechtliche Lage am Hundekot bestimmt das Gericht wie folgt:

*»Jedoch sind des boesen hunds merdrums*
*die fruechte ires eigentums*
*und g'hoern nach neun funf drei des BGB*
*dem, dem das eygen an dem hund zusteh.«*

## *XXXII.*

Frage an ein psychologisches Oberseminar: Wie kommen gerade Juristen dazu, gerade Anales, Fäkales lyrisch[466] zu besingen?

Zu überhöhen?

---

464 »Die claegerin eyligst untersagt haben will / *– von ires hundes unthat sie schweygt fein still –, / daß die beclagte ein ›zaun zyhen lasst, / der nit irem willen paßt.«*

465 a. a. O., 1973.

466 Ein Beispiel für prosaischen Umgang mit Fäkalien bietet BGH, NStZ 1983, 452, eine Notwehrsituation, in der dem Täter die Absichtsprovokation nur deshalb nicht unterstellt wird, weil er bei dem Schußwechsel in die Hose gemacht hatte: »Nach der Tat legte sich S. an eine Hauswand. Er war nicht ansprechbar und stöhnte. Während oder nach der Auseinandersetzung hatte er eingekotet.«

Oder die Schweinemast?[467] (Hierbei äußert sich das lyrische Ich in den Gründen wie folgt:

*»Lang dacht' ich nach und angespannt*[468]
*und hab' alsdann für Recht erkannt:*
*Zur Hälfte ist wohl gerade eben*
*dem Klagantrag hier stattzugeben.«)*

## *XXXIII.*

Wenn die Reime sich nicht um Fäkalien drehen, dann um Formalien. (Das psychologische Oberseminar würfe die Worte »Zwangsneurose« und »anankastisches Syndrom« bedeutungsvoll hin. Es geht hier offenbar um Phänomene im Zusammenhang mit der Reinlichkeitserziehung.)
Zum Beispiel eine »Kostenentscheidung bei Beitritten zu einem bestehenden Konditionenkartell«[469]:

»Es ist Gesetz und deshalb richtig, wer kartelliert, ist meldepflichtig. Und weil das hier auch Arbeit macht, hat man in Bonn sich ausgedacht – zur Minderung von Amtsverdruß –, daß der, der meldet, zahlen muß. Was festgesetzt, ist angemessen. Sie blechen, und schon ist's vergessen. Ist Ihnen solches nicht geheuer und die Gebühr vielleicht zu teuer, so bleibt, damit es bill'ger werde, als einz'ge Hoffnung die Beschwerde – auch dies nur binnen einer Frist, die kurz wie just ein Monat ist. Ob Sie im Recht sind oder nicht, würd' dann entschieden vom Gericht. Doch besser lassen Sie das bleiben, das raten die, die unterschreiben.«

---

467 AG Oldenburg, SchlHA(A) 1987, 115 mit Anmerkung *Sympher*, a. a. O., 131.

468 Die Andeutung genügt, und man hört *Walter von der Vogelweide* singen: Ich saz uf eime Steine / und dahte bein mit beine.

469 BKartA, WUW 1988, 916: ein Beschluß, zu dem es einleitend heißt: »Die Gründe hat der Vorsitzende der Beschlußabt., Direktor Bethge, in Würdigung seines Eintritts in den Ruhestand in Versform abgefaßt.«

Oder die Klagabweisung eines Finanzgerichts, begründet mit fehlender Vollmacht des Vertreters:[470]

*»Da setzt ihm der Berichterstatter*
*die Ausschlußfrist, insoweit hat er*
*genügend Zeit: 3 Wochen voll*
*(Art. 3 § 1 VGFGEntlG).*
*In dieser Frist die Vollmacht soll*
*gerichtlich nachgewiesen sein,*
*weil sonst ihr Fehlen ganz allein*
*die Klage unzulässig mache.*
*Ansonsten sei es seine Sache,*
*bei Unverschulden vorzubringen*
*– Rechtzeitigkeit in allen Dingen –,*
*weshalb die Frist verstrichen sei;*
*dann stehe Wiedereinsatz frei.«*

Oder zum Streitwert bei einer Verfahrenseinstellung:[471]

*»Die Richter in Mannheim haben beschlossen:*
*Die Kosten muß wieder der Kläger tragen:*
*Wer Rechtsmittel zurücknimmt, darf da nichts sagen.*
*5000 Mark wert ist in der Berufung der Streit.*
*Hierzu braucht es auch keine Begründung lang und breit:*
*Tausend sind zwar zuwenig, doch eine Million viel zuviel.*
*Kreiskassenbelange – nur Mut! – sind ohne Rolle im Spiel.*[472]
*Das Interesse des Klägers scheint recht so gewichtet.*
*Beendet ist das Verfahren gegen das Land*
*um den Vollzug eines Aktes mit Rechtsbestand.«*

(In diesem Fall weist die Schriftleitung in einer Anmerkung darauf hin, daß schon der Kläger selbst »seine Berufungsbegründung im *Gedichtform* vorgelegt hatte«. Wer Verse sät, kriegt Verse zurück.)

---

470 FG Köln, EFG 1988, 131.

471 VGH Mannheim, VBlBW 1985, 434.

472 sic.

## *XXXIV.*

Oder zu Witwenrenten bei Ausländerehen; Auszug:[473]

*»Als einem Spanier hierzuland*
*wegen Tod's fiel der Spaten aus der Hand,*
*wies man seine Witwe ab,*
*›Keine Rente‹ hieß es knapp.«*

Der spanische Sachverhalt reimt sich noch. Der griechische weniger:

*»In einem jünger'n frischen Fall,*
*da ging es wirklich gar zu toll!*
*Die Ehe zweier Griechen,*
*die sich hier trauen ließen,*
*fiel einem Urteil dann zum Opfer,*
*weil das Amtsgericht ganz tapfer*
*nach zehn Jahren doch erkannte,*
*daß die Ehe an 'nem Fehler krankte.«*

## *XXXV.*

Oder zu den Anforderungen an eine Mahnung[474] – wobei nochmals klar wird: Wer gereimte Urteile vermeiden will, vermeide gereimte Vorlagen. Der Kläger hatte geschrieben:

*»Das Mahnen, Herr, ist eine schwere Kunst!*
*Sie werden's oft am eignen Leib verspüren.*
*Man will das Geld, doch will man auch die Gunst*
*des werten Kunden nicht verlieren.*

*Allein der Stand der Kasse zwingt uns doch,*
*ein kurz' Gesuch bei Ihnen einzureichen:*
*Sie möchten uns, wenn möglich heute noch,*
*die unten aufgeführte Schuld begleichen.«*

---

473 *Schmidt-Räntsch*, JR 1981, 104 (105).

474 LG Frankfurt, NJW 1982, 650.

Das Landgericht fragt sich hierauf:[475]

*»Oder kommt eine Mahnung nicht in Betracht,*
*wenn ein Gläubiger den Anspruch in Versen geltend macht?*

*Die Kammer jedenfalls stört sich nicht dran*
*und meint, nicht auf die Form, den Inhalts kommt's an.*
*Eine Mahnung bedarf nach ständiger Rechtsprechung*
*weder bestimmter Form noch Fristsetzung.«*

(Die Verse über die Fäkalien sind irgendwie besser. Alles was Recht ist.)

## *XXXVI.*

Überschwang, sagten wir, und Überdruß bewirken pathologisches Verhalten des Gerichts. Der Überschwang leitet eher zur gebundenen Form, der Überdruß dagegen eher zum Gegenteil, einer gesteigerten Form der Prosa. Wie in der Kunst den Hyperrealismus gibt es Hyperprosa in der Jurisprudenz, eine Sachlichkeit, die den Ekel des Betrachters nicht verhehlen will.

## *XXXVII.*

Der Überdruß entäußert sich, dies ist die elegante Lösung, als Reaktion des Gerichts bisweilen in schlichtem Weigern, das ihm Vorgetragene zu bearbeiten. (Es gibt hierzu Parallelen auch in der Kunst).

So, wenn jemand die Berufungshauptverhandlung versäumt und Wiedereinsetzung nebst Entscheidung des Revisionsgerichts mit »unflätigen Beschimpfungen« begehrt,[476] hierbei über die Richter des Landgerichts Arnsberg äußernd, es sei

475 a. a. O., 651.

476 OLG Hamm, NJW 1976, 978.

»...diesen elenden Völkern bis heute nicht gelungen, ihre wenigen grauen Zellen zu einer Denktätigkeit aufzurufen«.

Und über das OLG Hamm, es sei

»...das von alten Nazis durchsetzte Hammer Rechtsbeugungszentrum« und »wegen seiner dummdreisten Entscheidungen geradezu berüchtigt«, weil dort »im Akkord gegen das Grundgesetz verstoßen werde«.

Das rächt sich:

»Bei der Wiedereinsetzungsbeschwerde glaubte der Senat eine Zurückstellung der sich aus der Form ergebenden Bedenken noch vertreten zu können. Das ist bei dem Antrag auf Entscheidung durch das Rev.-Ger. nicht mehr möglich. Hinsichtlich dieses Antrags kommt daher eine Bearbeitung und Entscheidung in der Sache selbst nicht in Betracht.«

Wer Böses wollte, könnte hier ein Paradox annehmen: Die Sache wird mit dem Ergebnis bearbeitet, daß sie nicht bearbeitet werden soll (und dies Ergebnis wird in der NJW veröffentlicht;[477] doch dem kann kein pädagogischer Zweck zugrunde liegen – die Entscheidung dient als Hinweis, als Anleitung für spätere Gerichte, daß sie dergleichen überhaupt nicht mehr bearbeiten sollen, mit AR-Aktenzeichen versehen, oder, was gleichbedeutend ist, die Eingabe kommt als Nullum in den Papierkorb, Beerdigung dritter Klasse Nichtraucher, und wenn der Querulant fragt: was ist eigentlich mit meiner Revision, so hat die Geschäftsstelle zu antworten: welche Revision?

## *XXXVIII.*

Ähnliche Verweigerungshaltung aus Formgründen begegnet uns im »Braunschweiger Robenstreit«,[478] Ausgangslage:

---

477 Als weiteres Zeugnis der Nichtbearbeitung.

478 OLG Braunschweig, NJW 1995, 2113.

»Bekanntlich haben sich alle Zivilrichter des AG entschlossen, nach dem Bezug des AG-Neubaus die Rechtsanwältinnen und Rechtsanwälte um das Tragen der Amtstracht zu bitten, gegebenenfalls dies auch zu fordern«[479].

Es kommen zwei Rechtsanwälte und weigern sich. Der Amtsrichter schließt sie von der Prozeßführung aus. Wer nicht standesgemäß bekleidet ist, wird behandelt, als sei er nicht vorhanden.

(Ein Rechtsanwalt hat sodann einen Referendar mit Vollmacht sistiert, standesgemäß ohne Robe; hier fand der Richter nichts mehr zu beanstanden).[480]

## *XXXIX.*

Weitere Möglichkeit, Überdruß zu äußern, ist Anwendung von § 226 BGB.[481]
Die bloße Nennung dieser Vorschrift müßte unter Zivilisierten ausreichen, den Betroffenen für die nächste Zeit vom Sozialen etwas auszugrenzen, doch gibt es Beispiele, wie über die Nor-

479 *Volentem ducit, nolentem trahit praetor.* Erst wird gebeten, dann, gegebenenfalls, gefordert. Die Würde des Neubaus heischt es.

480 Überhaupt hält man in Braunschweig viel von Stil und Kunst, vgl. den Beitrag von *Sieg,* NJW 1990, 1973 zur »Dauerausstellung ›Recht und Gericht in der europäischen Kunst‹ im OLG Braunschweig« bzw. »Galerie im Oberlandesgericht«. Freie Wandfläche ruft nach Kunst: »Mit der Renovierung eines hinteren Treppenhauses bot sich dem OLG Gelegenheit, fünf Treppenhausabsätze als Ausstellungsfläche zu nutzen. Die sich aufdrängende Idee, hier eine Auswahl klassischer Bilderzeugnisse …«; und es fehlt auch nicht der Hinweis auf Ursprung und Mentor dieses Vorgangs, das »animierende Wohlwollen des Gerichtspräsidenten Rudolf Wassermann«. Er ist jetzt pensioniert. Age of Aquarius, wo bist du hin?

481 Das geschieht allerdings selten, vgl. *Münchener Kommentar/v. Feldmann,* § 226, Rdnr. 1: »…Entscheidungen hingegen, die Schikane nicht nur bejaht, sondern dies auch noch mit zutreffenden Erwägungen getan haben, muß man mit der Laterne suchen.«

manwendung hinaus das Gericht noch zusätzliche Verachtung ausdrückt durch bewußt schmucklose, geradezu angewiderte Sprache[482]:
Kläger hat auf seinem Grundstück über Jahre sechs gebrauchte Betonringe herumliegen. Der beklagte Nachbar holt einen davon hinüber zu sich und benutzt ihn als Feuerstelle. Der Ring zerspringt.
Kläger behauptet Diebstahl, kauft einen neuen und begehrt 183,26 DM als Schadensersatz. Beklagter wendet Schenkung ein, kann sie aber nicht beweisen. Gleichwohl gibt es keinen Anspruch, weil

»...es gar nicht erforderlich gewesen ist, daß die Kl. einen neuen Ring gekauft hat, zumal derartige Ringe auch durch Nichtgebrauch kaputtgehen, wie sich daran zeigt, daß der eine im Jahr 1987 gelieferte Ring auf dem Grundstück der Kl. inzwischen ebenfalls kaputt ist, weil er wohl durch Witterungseinflüsse geplatzt ist.«

Wer dergleichen in der fünften Klasse als Schulaufsatz ablieferte, fände allein in der zitierten Passage mehrere Ausdrucksfehler angestrichen.

Der Schikaneur verwirkt, wie man sieht, in Zeiten nach Abschaffung des Prangers zumindest den Anspruch auf gutes Deutsch.

## *XL.*

In den Kreis solcher Entscheidungen läßt sich steigen wie in die Hölle nach antiker Vorstellung.

Auf halbem Wege in den Orkus wird einem der Richter des Amtsgerichts Rheine begegnen, ein Don Quichotte in seinem privaten Feldzug gegen das Unwesen, Straßenverkehrsgefähr-

482 AG Stuttgart, NJW-RR 1993, 1436.

dung und Trunkenheitsfahrt nach §§ 315 c, 316 StGB möglichst in fahrlässiger Begehungsform anzunehmen;[483] ein Beispiel heulenden Elends. Ganz unten, im stummen, im verstummten Elend, der Münchner Amtsrichter und sein Überdruß mit Zeugenaussagen unfallbeteiligter Fahrer:[484]

»Das Gericht war in seiner bisherigen Praxis schon mit ca. 2000 Straßenverkehrsunfällen beschäftigt und hat es noch niemals erlebt, daß jemals einer der beteiligten Fahrer schuld gewesen wäre. Es war vielmehr immer so, daß jeweils natürlich der andere schuld gewesen ist. Bekanntlich sind Autofahrer ein Menschenschlag, dem Fehler grundsätzlich nie passieren, und wenn tatsächlich einmal ein Fehler passiert, dann war man es natürlich nicht selbst, sondern es war grundsätzlich der andere.

Das Gericht hat auch noch nie erlebt, daß jemals ein Fahrer, der als Zeuge oder Partei vernommen wurde, eigenes Fehlverhalten eingeräumt oder zugestanden hätte. Wenn dies einmal tatsächlich passieren sollte, dann müßte man schlicht und einfach von einem Wunder sprechen. Wunder kommen aber in der Regel nur in Lourdes vor, wenn beispielshalber ein Blinder wieder sehen kann oder ein Lahmer wieder gehen kann, oder aber in Fatima, wenn sich während der Papstmesse eine weiße Taube auf den Kopf des Papstes setzt, und sogar in den dortigen Gegenden sind Wunder ziemlich selten, in deutschen Gerichtssälen passieren sie so gut wie nie, am allerwenigsten in den Sitzungssälen des AG München. Jedenfalls ist in Justiz- und Anwaltskreisen nichts davon bekannt, daß in der Pacellistraße 2 in München schon jemals ein Wunder geschehen wäre. Möglicherweise liegt das daran, daß der liebe Gott, wenn er sich zum Wirken eines Wunders entschließt, gleich Nägel mit Köpfen macht und sich nicht mit einem banalen Verkehrsunfall beschäftigt. Vielleicht liegt aber die Tatsache, daß trotz der Unfehlbarkeit vieler Autofahrer gleichwohl so viele Verkehrsunfälle passieren, schlicht und einfach daran, daß unsere Gesetze so schlecht sind. Dies hinwiederum wäre allerdings kein Wunder.

---

483 AG Rheine, NJW 1995, 894 (sechseinhalb Seiten Literaturgeschichte des Rausches, verbunden mit Angriffen auf das übergeordnete LG Münster) und DRiZ 1994, 101 (diese Entscheidung in jener mit den Worten zitiert: »Daß das Gericht diese Rechtsprechung für falsch hält, hat es in einer Vielzahl von Entscheidungen dargelegt und begründet (vgl. z. B. sehr zutreffend und daher sehr lesens- und beherzigenswert AG Rheine, DRiZ ...)«.

484 AG München, NJW 1987, 1425.

Aus dem vorstehend Gesagten vermag nun der unbefangene Leser des Urteils schon zu unschwer erkennen, was die Zeugenaussage eines Fahrers eines unfallbeteiligten Fahrzeuges vor Gericht wert ist: nämlich gar nichts.«

Man müßte übers Portal schreiben, wie *Dante* über die Höllenpforte: Beim Eintritt hier / laßt alle Hoffnung fahren.

## *XLI.*

Womöglich gibt es aber doch ein Wunder, bestehend darin, daß nicht viel mehr, daß nicht überhaupt alles Justizpersonal den Glauben an die Menschheit in diesem Grad verloren hat.

Wer wollte es einem Gericht verdenken, wenn es gleich dem Amtsrichter von soeben reagierte auf Rechtsschutzbegehren etwa mit dem Ziel, eine Kegelkasse auseinanderzusetzen,[485] oder zu bewirken, daß die Zeitung allmorgendlich bis zur Haustür gebracht werde, nicht nur bis zur Grundstücksgrenze,[486] oder Schmerzensgeld zu gewähren wegen mißglückter Dauerwelle,[487] oder einen Polizisten wegen Volksverhetzung zu verurteilen, der vor Straftaten der Zigeuner

485 OLG (sic) Saarbrücken, NJW 1985, 811.

486 AG Hanau, NJW 1989, 398: Die Zeitung sei nämlich »regelmäßig so verschmutzt und durchnäßt gewesen, daß sie nicht mehr zu lesen gewesen sei«. Das Gericht verweist auf die Möglichkeit, ein Zeitungsrohr anzubringen.

487 AG Siegen, NJW-RR 1990, 1248: zweihundert Mark. »Der Blick in den Spiegel nach einer mißglückten Dauerwellenbehandlung kann einen Schock auslösen…«

warnt,[488] oder auf die Sachbeschädigungsanzeige eines Polizisten, dem Bier aufs Hemd geschüttet wurde.[489]

## *XLII.*

Und nicht nur der Prozeßstoff macht das Leben schwer. Es kommt die Renitenz der Beteiligten erschwerend noch hinzu, beispielshalber von Zeugen.[490]

»Der Zeuge Sch. erschien in einer Hose und in einem ärmellosen Pulli. Zwischen der langen Hose und dem braunfarbenen Pulli kam sein Bauch zum Vorschein, und zwar in der Weise, daß man auch seinen Bauchnabel und schätzungsweise 2 bis 3 cm bloßer Haut sehen konnte. Er wurde von seiten des Gerichts darauf hingewiesen, daß ein solcher Aufzug gerichtlichen Gepflogenheiten und der Würde des Gerichts nicht entspreche. Er entgegnete, dies sei auch sein normaler Aufzug in seiner Ausübung als Diskjockey. Wenn er bei der Ausübung seiner Tätigkeit vor 400 bis 500 Leuten so herumlaufe, dann sehe er nicht ein, daß er wegen 3, 4 Männeken hier sich anders kleiden solle. Er müsse nächstens in der Ladung darauf aufmerksam gemacht werden,

---

488 OLG Karlsruhe, NJW 1986, 1276. In Karlsruhe, erfährt man, gibt es eine kostenlose Stadtteilzeitschrift »Der Oststadtbürger«, darin eine Rubrik »Das Polizeirevier ermahnt«, darin einen Beitrag, der mit den Worten beginnt: »Liebe Bürgerinnen und Bürger, Gangster, Gauner und Ganoven, Heiratsschwindler, Zigeuner und verkrachte Existenzen, sie alle wollen nur Ihr Bestes, nämlich Ihren Schmuck, Ihre Wertsachen und Ihr Geld.« Hiergegen wendet sich ein Dachverband von Sinti und Roma im Klagerzwingungsverfahren. Vergeblich. Denn laut Duden ist der Begriff Zigeuner auch Synonym für »jemanden, der ein unstetes Leben führt, wie ein Zigeuner lebt«.

489 OLG Frankfurt, NJW 1987, 389; erfolgreich. Zwar läßt das Hemd sich reinigen, jedoch: »Die Sachbeschädigung war nämlich vollendet, weil der Zeuge D nach Vorstellung der Angekl. gezwungen war, sich noch einige Zeit mit dem nach Bier riechenden Hemd zu bewegen. Der Biergeruch wird zwar regelmäßig kein Ekelgefühl auslösen; er ist jedoch für Umstehende stark wahrnehmbar und kann insbesondere bei Personen, die den im angefochtenen Urteil festgestellten Sachverhalt nicht miterlebt haben, die mannigfachsten Vorstellungen über seine Entstehung auslösen.«

490 OLG Hamm, JMBlNW 1976, 21.

daß er in einem ordnungsgemäßen Aufzug (schwarzer Anzug) erscheinen müsse. Er erklärte weiter, er sei auf dem Wege zur Badeanstalt[491] und habe sich deshalb so gekleidet.«

Die 3, 4 Männeken verhängen hierauf hundertfünfzig Mark Ordnungsgeld.

## *XLIII.*

Dergleichen Mißhelligkeiten wären ebenfalls noch auszuhalten, verdienten als rein äußerliche Anfeindung der Beachtung nicht, gingen als selbstverständlich zu den Akten, käme nicht der Grundwiderspruch hinzu, demzufolge der Jurist sich der Hoheit seines Berufes einerseits, dessen Fragwürdigkeit andererseits jederzeit voll bewußt sein muß.[492] Der Grundwiderspruch begleitet den Juristen in verschiedener Erscheinungsform von Beginn der ersten Prüfungen; wie soll ein Kandidat zum Beispiel das Dilemma lösen, daß die Notenskalen »befriedigend« definieren als durchschnittliche Leistung, und der Durchschnitt liegt seit den dreißiger Jahren bei ausreichend?

---

491 Im Bereich des OLG Hamm halten sich Worte wie »Badeanstalt« länger als anderswo. Es heißt dort auch nicht »Seniorentreff«, sondern »Altenbegegnungsstätte«.

492 *Radbruch,* Aphorismen Nr. 548. Oder glauben muß und gleichzeitig zweifeln, Nr. 549. Oder spotten und gleichzeitig grübeln, Nr. 550. Und ein schlechtes Gewissen haben, Nr. 551. Und phasenweise Abscheu, Nr. 552.

## *XLIV.*

Das Reichsgericht hat einmal, an ganz versteckter Stelle,[493] einen Kommentar zu Widersprüchen dieser Art gegeben, in einem Fall zum Strafklageverbrauch, zugespitzt auf das berühmte Argument »Schießen an bewohnten Orten«:

> »Wer durch rechtskräftiges Urteil wegen verbotenen Schießens bestraft ist, kann, weil die Strafklage verbraucht ist, nicht mehr verfolgt werden, wenn nachher ermittelt wird, daß er durch denselben Schuß vorsätzlich einen Menschen getötet hat oder hat töten wollen. Diese – für sich betrachtet unerfreulichen – Ergebnisse beruhen auf der Rechtsprechung über die Rechtskraft und den Verbrauch der Strafklage.«

Womöglich liegt hier der Schlüssel zum Umgang mit dem Streit der Leute und seiner justizförmigen Bearbeitung – dies alles anzusehen als prinzipiell »für sich betrachtet unerfreulich«; weil nämlich das Bemühen der 3, 4 Männeken, hienieden Rechtskraft zu schaffen, am Ende immer nur eines ist: zum Schießen.

493 RGSt 70, 26 (30/31).

## *Kurze Einführung in den libellischen Humor*

Im Zeichen der Libelle ist noch mehr – in letzter Instanz ernstgemeinter – wissenschaftlicher Frohsinn erschienen. Sehr spezielle Texte auf jener schwanken Linie, welche die Zustände, die »zum Schießen« *(s. o., S. 214)* sind, von den schärfsten Kritikern der Elche trennt, welche – nach *communis opinio* – früher selber welche waren.

Seit im Jahr 1980 für einen Studentenulk mit dem Titel De Statu Corruptionis die Reihe *»Litzelstetter Libellen. Abteilung Handbüchlein und Enchiridia«* gegründet wurde – deren Autoren, *by the way*, inzwischen ziemlich habiliert sind – kamen *peu à peu* 13 Bände hochkarätiger Wissenschaftssatiren zusammen. In den frühen 90er Jahren wurde die Reihe, einem verlegerischen Brauch der Frankfurter Gegend folgend, auf *»Litzelstetter Libellen. Ziemlich Neue Folge (ZNF)«* upgedatet.

In schöner Regelmäßigkeit begleiten verhalten jubilierende Rezensionen jeden neuen Band. Wer in *Psychologie heute* bzw. dem *Rheinischen Merkur* geblättert hat oder durch *Titanic, Harvard Manager, Capital, Tagesanzeiger, Bilanz* oder *taz* gezappt ist, konnte – quer durch die Jahre – Zeuge einer verwunderlichen Kontinuität werden. Was *Johannes Gross* 1982 zu unseren ersten Satiren im FAZ-Magazin notierte (»Die wahre Untergrundliteratur ist jene hochgebildete Kleinproduktion alexandrinisch-verschnörkelten Humors, durch die akademische Konventikel sich vom Zeitgeist absetzen«), klang 1994 – anläßlich De Dulcis Sauribus – in *bild der wissenschaft* durch *Rainer Korbmann* dann so: »Eine funkensprühende Satire, wie ich sie im deutschen Sprachraum nicht für möglich gehalten hätte.«

Unsere Zielgruppen sind durch konzise Titel leicht erkennbar: Ökonomen mit theologischem bzw. extraterrestrischem Appeal, afrikanische Linguisten, Musikliebhaberinnen, Hirnforscher & Tomatenzüchter, Kenner deutscher Volkslieder mit engl. bzw. franz. Faibles, denkende Kulinaristen & feinschmekkerische Urbanistikerinnen, Großtierrecycler… *(Gerade Sie* aber auch.)

*Wiard Raveling: Die Bungu-Bukolik* / DE CASU MORO
*Blgasu, Blgasu, Blgasu: Innerafrikanische Avantgarde im Focus transeuropäischer Sprachwissenschaft*
1. Auflage September 1996, 48 S., kt., mit einer ausklappbaren Graphischen Gratisgabe, ISBN 3-909081-79-7

*Heider / Laßmann / Rotis: Synergien im Stau* / DE STAGNATIONE
*Postprofessionelles Risikomanagement beim Funktionsübergang von flüssigem Stand zum stockenden Verkehr*
84 S., reich bebildert, kt., 3-909081-72-X

Th. Shapiro: Das Dinosaurier-Dilemma / DE DULCIBUS SAURIS
*Wissenschaftliches Großtier-Recycling als Paradigma multikultureller Forschung*
64 S., kt., 3-909081-66-5

*Anton Haller: Das Similaun-Syndrom* / OECCI HOMO
*Von der Entdeckung der Gletschermumie zum transdisziplinären Forschungsdesign*
64 S., kt., 3-909081-54-1

*Georges Perec: Das Soprano-Project* / DE IACULATIONE TOMATONIS
*Experimental Demonstration of the tomatotopic organization in* the *soprano (Cantatrix sopranica L.)*
48 S., kt., 3-909081-26-6

*Halfar / Schneider: Das Germknödel-Paradigma* / DE ARTE GERMOECOLOGIAE
*Der yeast-dumpling-approach als Subsistenzmedium sozialökologischer Forschung*
84 S., kt., 3-909081-25-8

*Hans D. Mummendey: Das Eckzahn-Experiment* / DE VAMPYRIS
*Auf dem Wege zu einer sozialen Psychophysiologie des akuten vampyrischen Aktes*
64 S., kt., 3-909081-63-0

*John Hulme:* DE TRANSLATIONE NURSERY-RHYMES
*Von den schwindelerregenden Möglichkeiten referentieller Verirrung im älteren angelsächsischen Liedgut*
64 S., kt., 3-909081-46-0

*John Hulme:* De Inventione Cantus volx.
*Poetische Grundlagentexte aus der Frühgeschichte der deutsch-französischen Cohabitation*
64 S., kt., 3-922305-47-4

*Lehner / Meran / Möller:* De Statu Corruptionis
*Entscheidungslogische Einübungen in die Höhere Amoralität*
54 S., kt., 3-922305-01-6

*Heesterbeek u. a.: Das Fegefeuer-Theorem* / De Purgatorio
*Eschatologische Axiomatik zum transorbitalen Sündenmanagement. Mit dem Urtext »On Life and Sin«*
56 S., kt., 3-909081-55-X

*Scholares Trebeisis:* De Oeconomia Intergalactica
V*on schnellen Volkswirtschaften, kosmischen Handelshemmnissen und extraterrestrischer Kapitalflucht*
64 S., kt., 3-922305-40-7

*Alexander Mehlmann:* De Salvatione Fausti
*Die Wette zwischen Faust & Mephisto im Lichte von spieltheoret*ischem Calcül und neuerem Operational Research
60 S., kt., 3-922305-39-3

Unsere Bücher besorgt Ihre Lieblingsbuchhandlung.
Vielleicht warten dort sogar einige schon auf Sie…
Einen Prospekt über unsere restlichen ernstgemeinten Titel
(Literatur, Kulturgeschichte, Pädagogik…)
schicken wir Ihnen gern direkt aus: CH-8574 Lengwil.

**Libelle ∽ Verlag am Bodensee**

Dieses für uns alle im Lektorat köstliche Buch
kam als Manuskript im April 1996
und wurde flugs noch unter die Novitäten genommen.
Während der normalen Prüfungen,
die uns die digitale Bewältigung eines Textes mit solch abundantem
Anmerkungsapparat *nun mal* auferlegt
*(»Fehler in Ihrem Anwendungsprogramm! Allgemeine Schutzverletzung
in Modul…Ignorieren? Abbrechen?«)*
haben wir den Zuspruch auf *S. 191* besonders genossen
(»Womöglich besteht ein wesentlicher Teil der Rechtschaffenheit darin, aufs
Recht nicht zu pochen. In Maßen zu verzichten. Kleines Unrecht zu dulden.
Womöglich ist so einer der bessere Citoyen.«).
Etwa so kam das Layout im Juli zum Abschluß.

Gesetzt aus der Bothoni Stellare
gedruckt und gebunden
bei Kösel in Kempten
im August 1996

1 2 3 4 5 6   99 98 97 96

Ronald Dietrich sei an dieser Stelle einmal
für all die roten Häkchen der Endkorrektur gedankt,
auch wenn eigenwillige Zeichensetzungen
bei begründet emphatischen Autorenseufzern
dann doch letztendlich unverändert stehenblieben.

ISBN 3-909081-78-9